Topos plus **Taschenbücher**
Band 491

Gottfried Hierzenberger

Der Glaube der Urmenschen

Topos plus Taschenbücher

Topos plus **Verlagsgemeinschaft**

Butzon & Bercker, Kevelaer | Don Bosco, München
Echter, Würzburg | Verlag Katholisches Bibelwerk, Stuttgart
Lahn-Verlag, Limburg Kevelaer | Matthias-Grünewald-Verlag, Mainz
Paulusverlag, Freiburg Schweiz | Friedrich Pustet, Regensburg
Tyrolia, Innsbruck Wien

e verlags gruppe engagement

Bibliografische Information der Deutschen Bibliothek

Die Deutsche Bibliothek verzeichnet diese Publikation in der Deutschen Nationalbibliografie; detaillierte bibliografische Daten sind im Internet über http://dnb.ddb.de abrufbar.

Einband- und Reihengestaltung:
Akut Werbung GmbH, Dortmund
Satz: Schröder Media, Dernbach
Herstellung: Pustet, Regensburg
Printed in Germany

Topos plus – Bestellnummer: **3-7867-8491-4**

Inhaltsverzeichnis

Grundwissen Religiösität der Urmenschen

Die Vorsilbe »Ur-» im Wort Urmenschen verweist auf die Anfänge der Menschheit vor Hunderttausenden, ja Millionen Jahren. Das bedeutet ein unvorstellbar weites Zurückgehen über die rund fünf Jahrtausende der durch schriftliche Zeugnisse belegten menschlichen Geschichte hinaus in die **Frühzeit** bzw. in die **Vorgeschichte der Menschheit.**

Trotz gewaltiger Fortschritte der einschlägigen wissenschaftlichen Disziplinen in den vergangenen Jahrzehnten – vor allem der »Paläontologie«, »Anthropologie« und »Archäologie« und ihrer Helfer (Geologie, Zoologie und Botanik, Chemie und Physik) – bleibt der Ursprung der Menschen verborgen, weil die wissenschaftliche Forschung immer **Funde** voraussetzt und von »freundlichen Zufällen« abhängig ist.

Die Forscher haben es mit riesigen Zeiträumen zu tun und können ihre Suche nicht auf bestimmte Gebiete begrenzen, da es ja überall Urmenschen gegeben haben kann und wichtige Funde auch tatsächlich auf allen Kontinenten gemacht worden sind.

Bei den Antworten auf die Frage nach dem Anfang der Menschheit stehen wir gegenwärtig beim Datum »mindestens 3 Millionen Jahre vor der Zeitrechnung«. Diese Angabe verweist in das **Pliozän**, die jüngste Stufe des sogenannten »Tertiär«-Zeitalters der Erde. Damals entwickelten sich – den Hypothesen der Vorgeschichte zufolge – aus den **Primaten** (= Herrentiere) bzw. **Hominiden** (= Menschenähnliche) die **Australopithecinen** bzw. zu Beginn des sog. **Pleistozäns** (= Diluvium, Eiszeit) vor etwa 550.000 Jahren der ***Homo erectus***, vor etwa 150.000 Jahren der ***Neandertaler*** und schließlich ab ca. 40.000 v. Chr. der ***Homo sapiens***, aus dem nach weit verbreiteter Ansicht im **Jungpaläolithikum** (= jüngster Teil der Altsteinzeit; 35.000–10.000 v. Chr.) die uns vertrauten Menschenrassen entstanden sind.

Der aufrecht gehende Zweibeiner, der Werkzeuge herstellt und benutzt sowie das Feuer beherrscht, steht daher am Beginn der Menschheit – begriffen als Wesen aus beseeltem Körper und Geist, aufgestiegen aus dem Tierreich; wobei sich der aufrecht gehende Australopithecus (= Halbmensch, letzte der tierischen Vorformen des Menschen) und die vierfüßigen

Pongiden (= Menschenaffen) über Jahrmillionen hinweg bereits separat entwickelt und daher keine direkten Bezüge zueinander haben, sondern nur »gemeinsame Ahnen« aufweisen.

Die Grundfrage dieses Buches nach dem **Glauben der Urmenschen** könnte daher pointierter lauten: »Woran, wie und an wen glaubten der Homo erectus, der Neandertaler und der Homo sapiens?«

Diese drei Namen stehen für Phasen der **Hominisation** (= Menschwerdung), die alle drei in der sogenannten »Eiszeit« (600.000–10.000 v. Chr.) erfolgten und deren Unterscheidung vor allem aufgrund von Knochenfunden vorgenommen wurde, wobei auch Begräbnisstätten, Werkzeuge, Tongefäßscherben, Statuetten, bildliche Darstellungen (»Höhlenmalerei«) und zahlreiche Megalithe (= Großsteine) eine nicht unbeträchtliche Rolle spielten.

Diese »Dokumente« der Urmenschen sind allerdings relativ spärlich und stark von der internen Diskussion und vom Fachurteil der beteiligten Fachrichtungen, also der Paläontologie, Anthropologie, Geologie usw. abhängig, und »stumm«, d. h. man muss sie in Ermangelung schriftlicher Zeugnisse erst durch die Analyse vieler Funde, durch die Feststellung auffälliger Ähnlichkeiten oder Verschiedenheiten, durch den »Niederschlag«, den die Frühzeit der jeweiligen Kulturepoche in deren frühesten schriftlichen Zeugnissen (z. B. in Mythen) gefunden hat, und schließlich durch Versuche der Rekonstruktion eines »Gesamtbildes« der Kulturepoche, um die es bei den einzelnen Funden geht, »zum Sprechen bringen«.

Wenn man dabei trotz allem zu wenig Erfolge verzeichnen kann, hat es sich als hilfreich erwiesen, durch **Analogieschlüsse** von stummen Funden zu sprechenden Zeugen in ähnlichen »Stammeskulturen« bzw. »Naturvölkern« – oder umgekehrt – Aufschluss über die Bedeutung einzelner unklarer oder mehrdeutiger Phänomene zu suchen.

Erst auf der Basis all dieser Bemühungen besteht die Chance, eine gewisse Vorstellung von der Lebensweise der Urmenschen zu gewinnen. Und erst dann kann man daran gehen, religionswissenschaftliche Schlüsse zu ziehen, verschiedene Hypothesen zu verifizieren oder zu falsifizieren und sich an den GLAUBEN DER URMENSCHEN heranzutasten.

Daraus ergibt sich die Gliederung des vorliegenden Bandes: (1) Probleme des Zugangs zu vorgeschichtlichen Lebenswelten; (2) Dokumente des Glaubens der Urmenschen in der Altsteinzeit; (3) Dokumente des Glaubens der Urmenschen in der Vorgeschichte der ältesten Kulturen (Jungsteinzeit); (4) Deutungshilfen aus der Religion der Naturvölker und aus den Stammesreligionen (5) Rückschlüsse auf Religion und Religiosität der Urmenschen und Elemente einer *religio perennis.*

Schädelbestattung eines Neandertalers (Gesicht nach unten in einem Steinkreis) in einer Höhle des Monte Circeo in Mittelitalien; Hinweise auf rituelle Tötung und Bestattung.

Zugang zu den vorgeschichtlichen Lebenswelten

Die Frage nach dem Urmenschen und seinen Lebensbedingungen setzt ebenso wie die Frage nach den Anfängen der gesamten Menschheit und nach dem Ursprung der Religion die Frage nach der Entstehung und Entwicklung des Universums, vor allem aber des Planeten Erde voraus. Das bedeutet, in Zeitbereiche zurückzufragen, die sich sowohl der unmittelbaren Einsichtnahme wie jeder schriftlichen und mündlichen Überlieferung entziehen.

Erkenntnis- und Deutungshilfen bei der Antwort auf diese Fragen bieten vor allem **Fundstücke**, die durch besondere Umstände über diese weiten Zeiträume hinweg erhalten geblieben sind. Man muss derartige »Fossilien« allerdings zuerst einmal identifizieren und datieren, um daraus Erkenntnisse gewinnen zu können, die bei Antworten auf die vielen offenen Fragen hilfreich sind.

Dabei hilft auch das menschliche **Denk- und Erinnerungsvermögen**, das man individuell wie kollektiv verstehen und einsetzen kann. Denn die Menschen haben immer schon um die »Frag-*würdig*-keit« ihres Lebens gewusst, haben Fragen gestellt, nach Informationen gesucht und Antwortversuche formuliert. Dies kann man den ältesten Weisheitstraditionen der Menschheit entnehmen (z. B. den »Mythen« oder den *gehörten* [= Auditionen] oder *geschauten* [= Visionen] »Offenbarungen«), die in den allermeisten Fällen zuerst mündlich formuliert und weitergegeben und erst viel später auf- und dann immer wieder abgeschrieben worden sind.

Erkenntnisse religiöser oder existenzieller Art sind auch verhältnismäßig früh in **künstlerische Darstellungen** (z. B. in die eiszeitlichen Felsbilder) eingeflossen, bleiben aber mangels einer schriftlichen »Erklärung« oft »mehrdeutig«, wenn nicht weitgehend unverständlich.

Alle diese »Quellen« sind als eine Art »Fundus« für Antwortversuche auf die angeführten Grundfragen nach dem Glauben der Urmenschen zu verstehen. Ihre Entdeckung, »Erhebung« und »Tradierung« lässt eine klare Entwicklung von unmittelbarer Wahrnehmung und Erfahrung hin zu reflektierender Ausdeutung und Anwendung erkennen. Dabei ist man offensichtlich von Wahrnehmungen und Erfahrungen mit sich selbst oder mit anderen Menschen ausgegangen, die man im Umgang mit der kleinen Lebenswelt, in der man sich vorfindet, gemacht hat; aber auch mit der Umwelt – also mit den vielfältigen Phänomenen in den »Reichen« (der Tiere, Pflanzen, Steine) und mit den »Kräften« (Stürme, Donner, Blitz, Erdbeben, Vulkanausbrüche) der Natur – nicht zuletzt auch mit »Unerklärlichem«, »Außer- und Überweltlichem«.

Neben »sinnenhaften« Erfahrungen gab es freilich auch »innere« – etwa mit Ängsten, Seelenkräften und Magie, mit den eigenen Gefühlen und Gedanken, mit den Grenzen des Machbaren, Vorstellbaren und Sagbaren, aber auch mit besonderen Fähigkeiten, solche erkannten Grenzen zu überschreiten. Es gab Erfahrungen mit Abhängigkeiten oder mit Ohnmächtigkeit, aber auch mit Sehnsüchten, Erwartungen und Hoffnungen; auch mit Schuld, Verfehlung und Versagen.

Solche innere Erfahrungen reichten zum Teil über die sichtbare und greifbare Wirklichkeit hinaus und eröffneten einen Blick auf die »geistigen Realitäten« (das heißt auf die Wirklichkeit jenseits des über die Sinne Wahrnehmbaren) und damit einen Zugang in »transzendente Dimensionen«. Dieser geschah und geschieht im bewussten Innewerden unsichtbarer Zusammenhänge, einsehbarer und deshalb auch gedanklich nachvollziehbarer Kausalitäten (= Zusammenhänge von Ursachen und deren Wirkungen) sowie in der Erkenntnis unverfügbar vorgegebener Bedingungen sowie der reichen Fülle von Strukturen und Gesetzen in sich selbst, in der jeweiligen Lebenswelt, aber auch »jenseits« von ihr in der »Höhe« (Himmel) oder »Tiefe« (Todes- oder Unterwelt) des Universums. Man stellt sie fest, bedenkt und befolgt sie – erkennt, dass man sie befolgen sollte, tut dies aber nicht; man missachtet oder verdrängt sie, kann sie aber auch verfälschen oder verändern oder für irdische oder egoistische Zwecke missbrauchen.

Auch diese Seite der Religion sollte gesehen, jedenfalls nicht völlig vernachlassigt werden, da sie in den Weltreligionen oftmals eine große Rolle spielt.

Antworten auf die oben genannten Grundfragen wurden zu allen Zeiten und werden auch heute viele gegeben. Vor allem seit der Mitte des 19. Jh., als die damals eben erst kreierte wissenschaftliche Disziplin »Vorgeschichtsforschung« ihren Siegeszug antrat.

Diese Antworten sind freilich ganz entscheidend von **Funden aus der Urzeit** abhängig – gemeint ist damit die »Zeit *vor* einschlägigen schriftlichen Zeugnissen«, also von den »Anfängen der Erde« (und des Universums) bis etwa 3.000 v. Chr. Ihre Analyse ist aber jeweils vom Fortschritt in den Ergebnissen jener wissenschaftlichen Disziplinen abhängig, die an der Vorgeschichtsforschung beteiligt sind. Aufgabe dieser Wissenschaften ist es, möglichst ergiebige »Funde« zu planen, aufzuspüren, zu bergen und auszuwerten – wobei hinsichtlich der Fragen nach dem »Glauben der Urmenschen«, dem »Ursprung der Religion« und »Grundelementen der Religiosität« auch die »vergleichende Religionswissenschaft« behilflich sein kann, um »stumme Funde zum Sprechen zu bringen«. Wie diese Zusammenarbeit im Einzelnen vor sich geht und welche Ergebnisse zu verzeichnen sind, wird uns im Detail beschäftigen.

An dieser Stelle geht es zunächst darum, uns einen Überblick zu verschaffen, von welchen Zeiten, Entwicklungsstufen und Menschen (Völkern) bzw. Ländern die Rede ist, wenn wir nach dem **Glauben der Urmenschen** fragen, und welche spezifischen Erkenntnisprobleme entstehen.

Erdgeschichte und Entstehung des Lebens

In keiner Bibliothek der Welt gibt es einen authentischen Bericht über das Werden des Universums. Bis heute gibt es nur
a. logische Rückschlüsse (Hypothesen) – wie es gewesen sein könnte,
b. mythologische Rückblicke (Kosmogonien) – wie man sich in der Frühzeit den eigenen Ursprung vorgestellt hat,
c. »Erleuchteten« gewährte visionäre Einblicke (Visionen),
d. »Propheten« kundgegebene Botschaften aus dem Jenseits (Offenbarungen).

Uns interessieren hier zunächst einmal die logischen Rückschlüsse, die auf der Basis wissenschaftlicher Erkenntnisse aufgestellt worden sind. Als ein Beispiel für viele kann der folgende Text aus einem einschlägigen Sachbuch dienen:

Die Entstehung des Universums kann man bis heute nur hypothetisch zu erklären versuchen. Große Wahrscheinlichkeit spricht für eine Theorie, die sich den ganzen Weltenraum im Ursprung mit stark verdünntem Wasserstoffgas gefüllt vorstellt. Die Herkunft dieses Wasserstoffgases scheint allerdings unerklärbar zu sein.

Die zwischen den Atomkernen wirksame Schwerkraft soll zu einer Verdichtung jener über weite Räume verstreuten Atome in lokalen Ballungszentren geführt haben. Je mehr solcher Atome sich zusammenfinden, desto größer wird die Anziehungskraft, die zu weiterer Anhäufung führt, bis schließlich große Gasballungen stattfinden.

Die im Inneren eines solchen Gasballs wirkenden Druckkräfte und die damit verbundenen hohen Temperaturen verwandeln dabei Teile des Wasserstoffs in schwerere Elemente. Die dabei frei werdende Energie strahlt in den Weltraum aus.

In Analogie zu den von der Astronomie beobachteten Sternexplosionen im Weltall glaubt man, auf ein explosionsartiges Auseinanderbersten dieser Materie schließen zu können, wobei Dichte und Temperatur schnell abnehmen.

An der Entstehung der Elemente durch Kondensationsvorgänge aus einem Urplasma von Protonen und Neutronen war die gesamte Weltmaterie beteiligt; nur dadurch erklärt sich das gleichmäßige Vorkommen der Elemente auf der Erde und im Weltraum. Die Vereinigung der Protonen und Neutronen zu Atomkernen hat bei Temperaturen von ca. 1 Mrd. Grad Celsius wahrscheinlich nur wenige Minuten gedauert. Durch gegenseitige Anziehung von Gasmolekülen und kosmischen Staubteilchen in einer rotierenden Materiewolke finden Verdichtungen statt, die zur Bildung der Sonne, der Planeten und ihrer Monde aus einzelnen Wirbeln führen. Dabei steigen Dichte und Temperatur der einzelnen Körper, bis im Zustand der Weißglut ein Gleichgewicht erreicht ist.

Während aber die Sonne selbst nur aus einem glühenden Ball von Wasserstoff und Helium besteht, aus dem keine festere Materie mehr ausgeschieden werden kann, haben sich in den Planeten die schweren Elemente geballt und sich durch ihre Schwerkraft – trotz der Anziehungskräfte der

Sonne – aus der Nähe dieses glühenden Gasballs entfernt. Damit entstehen die Voraussetzungen für Abkühlung, Verfestigung und geologisch feststellbare Entwicklungen.

Dieser Vorgang spielt sich im Weltenraum an unübersehbar vielen Orten im Bereich unübersehbar vieler Sonnensysteme ab.

Im Laufe der folgenden Jahrmillionen reißt die glühende Erde aus dem sie umgebenden ›Urnebel‹ weitere Materie an sich und nimmt dadurch beständig an Masse zu. Meteoriten stürzen in den Glutball und tragen zur Vermehrung seiner Materie bei. Die Erde kühlt sich nun allmählich ab und bildet eine feste Gesteinskruste aus. Dieser Vorgang dauert ca. 1 Mrd. Jahre. Solange sie noch glutflüssig ist, sinken die schwersten Elemente in den Erdkern, die leichteren lagern darüber, die leichtesten schwimmen oben bzw. schweben über der Glut: Wasserdampf und Kohlendioxyd. So erfolgt der Aufbau der Gashülle.

Durch das Anwachsen der sich aus der Schmelze herauskristallisierenden festen Materie entstehen Kontinente. Sobald sich die Erdoberfläche unter die Siedetemperatur des Wassers abgekühlt hat, kann sich Wasser in größeren Mengen kondensieren, so dass sich allmählich eine Hydrosphäre (Wasserhülle) ausbildet.«

Wie man sieht, spart der Verfasser dieser Hypothese jede religiöse Komponente (z. B. die Annahme eines Schöpfergottes) aus, nimmt jedoch für seine Theorie »große Wahrscheinlichkeit« in Anspruch, obwohl seine Vorstellung, dass »der ganze Weltenraum im Ursprung mit stark verdünntem Wasserstoffgas gefüllt ist«, eine reine »Annahme« ist, er über das Woher dieses Gases auch gar nicht reflektiert, sondern es von vornherein als »unerklärbar« deklariert und damit bereits von seinem Vorhaben abweicht, die Entstehung des Universums – wenn auch nur hypothetisch – logisch zu erklären.

Das in Hypothesen von F. Alpher, H. A. Bethe und G. Gamow mit dem Wort »Big-Bang« (= »Urknall«) bezeichnete »explosionsartige Auseinanderbersten großer Gasballungen« wird hier durch einen von astronomisch beobachtbaren Supernova-Explosionen ausgehenden Analogieschluss auf ein nur hypothetisch anzunehmendes Urereignis deklariert, dessen »Vorgeschichte« außer Acht bleibt oder jedenfalls nicht mehr hinterfragt wird, weil man sich als dafür wissenschaftlich nicht zuständig erklärt.

Trotzdem haben solche Hypothesen ihren guten Sinn, weil sie dem Menschen die »Frag-*würdig*-keit« seiner Lebenswelt und des gesamt Weltalls bewusst machen, sein kritisches Denkvermögen aktivieren und die Bereitschaft fördern, unbeirrt nach der hinter Einzelerkenntnissen liegenden Wahrheit zu suchen und halbwegs plausibel erscheinende Antworten zumindest vorläufig anzunehmen.

Überblick über die Phasen der Erdentstehung und die Evolution

15 Mrd. Jahre	Entstehung des Universums durch Wasserstoff-Gaswolken
10 Mrd. Jahre	Urknall: Urmaterie (Wasserstoff und Helium) auf engstem Raum im Uratom (Ylem) verdichtet, wird explosionsartig auseinander getrieben
9 Mrd. Jahre	Galaxien entstehen
5 Mrd. Jahre	In der Galaxie »Milchstraße« entsteht unser Sonnensystem
4 Mrd. Jahre	Entstehung des Planeten Erde, allmähliche Abkühlung der Erdoberfläche
3 Mrd. Jahre	**PRÄKAMBRIUM**
	Archaicum: Früheste Erdformation nach dem Erkalten der Oberfläche, Entstehen von Urkontinenten (Landmassen) und Urmeeren (durch Kondensieren des Wasserdampfes)
2,5 Mrd. Jahre	Frühe Lebensformen (Einzeller: Blaualgen)
2,1 Mrd. Jahre	Älteste Gebirgsbildungen und Ozeanbecken (Vulkanausbrüche)
1 Mrd. Jahre	**Algonkium:** Weitere Gesteinsbildungen; Urtiere: im Meer Vielzeller (Radiolarien, Medusen); Würmer, Gliederfüßler
650 Mill. Jahre	Erste Eiszeit in Nordamerika und Südafrika
600 Mill. Jahre	Weltweite Eiszeit
570 Mill. Jahre	**PALÄOZOIKUM**
	Kambrium: Nach der Eiszeit mildes, subtropisches Klima, dann warm-trocken; große Meeresüberflutungen, mächtige Ablagerungen

	Reiche Tierwelt im Meer (ca. 2000 Arten), keine Erdkrustenbewegungen
500 Mill. Jahre	**Ordovicium:** Nordatlantischer Kontinent (zw. Grönland und Skandinavien überflutet ein Schelfmeer das heutige Skandinavien, Baltikum und Böhmen) – in verschiedenen Überlieferungen ist von einer geschlossenen polaren Festlandmasse im Norden die Rede (*Hyperborea* umfasst Grönland und Nordeuropa)
440 Mill. Jahre	**Silur:** Relativ hohe Temperaturen. Kieselschwämme, Korallen, Muscheln und Seesterne; Schnecken, Kopffüßler; erste kieferlose Wirbeltiere und Tausendfüßler erobern das Festland; erste Gefäßpflanzen
395 Mill. Jahre	**Devon:** Neue Formierung des europäischen Festlandes (Rotsandsteingebirge); Vergletscherung der Südhalbkugel führt zum Zurückweichen des Meeres; erste Landpflanzen (Nacktfarne; Halmpflanzen bis 18 m Höhe, Pilze, Bärlapp, Schachtelhalme); Übergang des tierischen Lebens auf das Festland: Gliederfüßler; erstmals Lungenatmung; Amphibien; Vierfüßler
345 Mill. Jahre	**Karbon:** Gebirgsfaltungen zwischen Spanien und Südrussland; feuchtwarmes Sumpfklima. Geschlossene Festlandmasse auf der Südhalbkugel (*Gondwanaland* = Südamerika, Südafrika, Indien, Australien). Riesenformen der Farne und Schachtelhalme; erster Urwald. Gegen Ende: Vergletscherung; Absinken des Bodens; Steinkohlebildung aus der Devon-Landvegetation. Große Insekten, Lurche; Reptilien
280 Mill. Jahre	**Perm:** Faltung des Ural; Vereisungen der Südhalbkugel. In Mitteleuropa durch Meeresablagerungen große Gips-, Steinsalz und Kali-Lagerstätten. Aussterben aller frühen Meerestiere; Frühformen heutiger Meerestiere. Ähnliches geschieht im Pflanzenreich: Jetzt

herrschen Nacktsamer (Gingko) vor. Siegeszug der Nadelhölzer. Neu im Tierreich die Therodontier (= Vorfahren der Säugetiere)

225 Mill. Jahre **MESOZOIKUM**

Trias: Ausgeglichenes Klima. Erdkrustenbewegung in Ostasien. Starke Vulkantätigkeit (mit Lavaaustritt) in Sibirien, Amerika und Afrika. Dominanz des Gingko-Baums und der Fächerpalmfarne. Im Meer bilden Kalkalgen große Riffe. Rasche Entwicklung der Reptilien: Schildkröten, Krokodile. Gegen Ende der Trias: erste Säugetiere und erste Raubsaurier. Blütezeit der Ammoniten (ca. 3.000 Arten)

195 Mill. Jahre **Jura:** Auffaltung der Sierra Nevada von Alaska bis Mexiko. Ganz Mitteleuropa ist vom Meer bedeckt; Meeresablagerungen bilden das Juragebirge. Ausbildung deutlich unterschiedener Klimazonen. Starkes Wachstum der Reptilien und zahlreicher Saurierarten, die die Erde beherrschen. Größtes Tier: Brontosaurus (22 m lang; winziges Gehirn; Bewegungszentrum in Nervenknoten an der Lendenwirbelsäule; Wegen des Übergewichts Zurückentwicklung zum Vierbeiner). Der Luftraum wird erstmals von Wirbeltieren bevölkert (Flugsaurier); erster Archaeopteryx (= Urvogel)

136 Mill. Jahre **Kreide:** Starke Faltungen (Anden und Rocky Mountains), die im folgenden Tertiär ihren Höhepunkt finden (Alpen). Ein riesiges Meer bedeckt große Teile von Europa, Russland, Nordamerika und Nordafrika. Gesteinsbildungen durch Ablagerungen (Schreibkreide). Gegen Ende der Kreidezeit: tiefreichende Umschichtung der Tier- und Pflanzenwelt. Entwicklung der Säugetiere und Knochenfische sowie der Blütenpflanzen; erste Laubbäume, Gräser und Palmen.

65 Mill. Jahre	**NEOZOIKUM = KÄNOZOIKUM = TERTIÄR**
	Tertiär: Allmählich bildet sich das heutiges Erscheinungsbild der Erde heraus. Starker Vulkanismus, Bildung des Alpenbogens, der Pyrenäen, des Himalaya, der Antillen. Riesige Lavaergüsse (Basalt) auf den Festlandsockeln. Vorübergehende Flachmeerbildungen in Becken und Gräben (Paris, London usw.). In mittleren Breiten tropische Vegetation
	Alttertiär: (1) Paläozän: Entfaltung der kleinen Säugetiere (Raub- und Huftiere) nach dem Aussterben der letzten Saurier
54 Mill. Jahre	**(2) Eozän:** Gürteltiere, Ameisenbären, Faultiere und die ersten Primaten (Halbaffen): Ausbildung der menschlichen Gebissform und des Gesichtsfeldes für räumliches Sehen. Entwicklung der Nagetiere sowie der katzen- und hundeartigen Raubtiere. Urpferdchen und der Riesenvogel Diatryma in Nordamerika und Europa
37 Mill. Jahre	**(3) Oligozän:** 20 Prozent des heutigen Tierbestands lebt damals schon. Es entwickeln sich die Kaninchen, Pferde, Esel, Tapire, Zebras, Nashörner, Schafe, Ziegen, Rinder, Schweine, Nilpferde, Antilopen, Kamele, Giraffen und Hirsche. Erstes Auftreten von Menschenaffen
26 Mill. Jahre	**Jungtertiär: (1) Miozän:** 40 Prozent des heutigen Tierbestands. Starke Verbreitung der Gräser als Futterpflanzen für Herdentiere. Erste Rüsseltiere mit Stoßzähnen. Differenzierung der Primaten in Menschenaffen und Hundsaffen (Pavian, Mandrill). In Afrika erster nachweisbarer Stamm urtümlicher Menschenaffen, von denen sich die Hominiden abzweigten: beinahe aufrechter Gang, Vergrößerung der Hirnsubstanz. Weitere Differenzierung und Verbreitung über die ganze damalige Welt

7 Mill. Jahre **(2) Pliozän:** 80 Prozent des heutigen Tierbestands lebt bereits. Letzte Epoche milden Klimas vor dem Einbruch der zweiten großen Eiszeit. Fast alle Tierstämme entwickeln Arten mit gigantischer Größe, von denen die meisten in der späteren Eiszeit wieder zugrunde gehen. Menschenaffen entwickeln sich in verschiedenen Stämmen selbständig weiter. Wahrscheinlich im letzten Drittel des Pliozäns bereits Beginn des *Tier-Mensch-Übergangs* (Halb- und Frühmenschen: Paranthropus, Australopithecus und Homo erectus)

2 Mill. Jahre **QUARTÄR = UNTERES PALÄOLITHIKUM=ÄLTERE ALTSTEINZEIT**

Pleistozän (Diluvium, Eiszeitalter): Entstehung des Menschen und Beginn der Ausbreitung der altsteinzeitlichen Kulturen bereits in der Voreiszeit. Die starken Temperaturschwankungen sind auf der ganzen Erde nachgewiesen, allerdings mit unterschiedlichem Rhythmus.

Voreiszeit (2.000.000–600.000): Allmähliches Absinken der durchschnittlichen Temperaturen um 8–12 Grad Celsius gegenüber der Gegenwart. Dadurch nehmen die Gletscher in den Hochgebirgen und dann auch in den Mittelgebirgen rasch an Tiefe und Ausdehnung zu, weil sie während des Sommers nicht abschmelzen. In den Alpen z. B. stellenweise bis zu 1.000 m tief. Sie wachsen in die Gebirgsvorländer hinaus und vereinigen sich zu kompakten Inlandeisdecken (z. B. in Nordamerika). In den Zwischeneiszeiten (Interglaziale) oder Warmzeiten ziehen sich die Gletscher wieder zurück. Die wandernden Gletscher haben das Land nachhaltig geprägt, da sie riesige Gesteins- und Schuttmengen mit sich führten bzw. zurückließen (Höhenzüge); die angestauten Schmelzwasser bildeten Seen und Flussbette. In Äquatorialafrika und in

anderen dem Äquator nahen Gebieten kommt es nur zu lang andauernden Regenzeiten (Pluviale), während die großen Wüsten (Sahara, Kalahari) im Pleistozän bewohnbar waren.
Die großen Inlandeisdecken führten zu einem starken Absinken der Meeresspiegel, wodurch viele Landbrücken entstanden, die bei der Verbreitung der Tiere und Menschen eine große Rolle spielten.
Für Europa werden die Eis- und Warmzeiten wie folgt rekonstruiert:

600.000 Jahre	**1. Eiszeit (Günz)**
540.000 Jahre	**1. Warmzeit (Günz-Mindel)**
480.000 Jahre	**2. Eiszeit (Mindel)**
350.000 Jahre	**2. Warmzeit (Mindel-Riß)**
260.000 Jahre	**3. Eiszeit (Riß)**
150.000 Jahre	**3. Warmzeit (Riß-Würm)**
75.000 Jahre	**4. Eiszeit (Würm):** Diese letzte Eiszeit endete etwa um 8.000 v. Chr.
10.000 Jahre	**Holozän (Alluvium):** Beginn der erdgeschichtlichen Gegenwart, die sowohl geologisch wie biologisch stark vom Menschen beeinflusst ist. Zugleich Beginn der MITTELSTEINZEIT (Mesolithikum)
ca.6.000 Jahre	JUNGSTEINZEIT (in einzelnen Bereichen früher oder später); dasselbe gilt für die BRONZEZEIT (ca. 4.000) und EISENZEIT (ca. 2.000)

Überblick über die Entstehung des Menschen

Wenn wir nach dem Ursprung des Menschen fragen, werden wir vom bisher gewonnenen »Überblick über die Erdgeschichte« auf die »Erdneuzeit«, das Kanäozoikum = Neozoikum verwiesen, für das sich auch die Bezeichnung Tertiär durchgesetzt hat, und zwar auf das sogenannte Eozän (54–37 Mill. Jahre) im Alttertiär, als vor rund **40 Millionen** Jahren die Entwicklung der Säugetiere eine rasche Entwicklung erfuhr und die ersten **Primaten** (= Halbaffen) sich als deren höchste

Ordnung herausentwickelt haben. Sie unterscheiden sich von den anderen Säugetieren durch die Ausbildung einer bereits annähernd menschlichen Gebissform und durch die Entwicklung eines einheitlichen Sehfeldes; weil beide Augen nach vorne gerichtet sind, erfolgt dieses Sehen dreidimensional-räumlich.

In der nächsten Epoche, dem **Oligozän** (37–26 Mill. Jahre), kommt es zum ersten Auftreten echter Affen, die sich bereits in ihre zwei Hauptzweige zu differenzieren beginnen: **Menschenaffen** und **Hundsaffen**.

Im nachfolgenden **Miozän** (26–7 Mill. Jahre), am Beginn des Jungtertiär, differenzieren sich letztere bereits in die heute bekannten Arten (Pavian, Mandrill etc.), und in Afrika bildete sich der erste nachweisbare Stamm urtümlicher, also früher Menschenaffen aus, in denen sich bereits die Abzweigung einerseits des **Pithecanthropus** (= Affenmensch, wie Ernst Haeckel schon früh das lang gesuchte »missing link zwischen Gibbon und Mensch« nannte), andrerseits der **Hominiden** (= Menschenähnliche) ankündigt. Letztere sind bereits durch aufrechten Gang, Vergrößerung der Hirnsubstanz in einer deutlich größeren Hirnschale und das typische Menschenaffen-Gebiss charakterisiert. Im Miozän verbreiteten sich diese Hominiden bereits über die ganze damalige Welt. Das waren aber noch keine Menschen, nicht einmal Halbmenschen, aber sie gehören schon in das *Übergangsfeld vom Tier zum Menschen.*

Erst gegen Ende des **Pliozän** (7–2 Mill. Jahre) beginnt nachweislich der Übergang vom Tier zum Menschen durch die Weiterentwicklung der Hominiden zum Halbmenschen, dem sogenannten **Australopithecus.** Die ältesten Funde – die Anthropologen sprechen von der »Basisschicht« und von »Archanthropinen« – verweisen auf die Zeit **ca. 3 Mill. Jahre** vor unserer Zeitrechnung und nach **Afrika**; in Südafrika: *Australopithecus africanus*, in Ostafrika: *Paranthropus*, in Tansania: *Homo habilis*; doch gibt es z. B. auch Funde auf Java: *Meganthropus palaeojavanicus*, die aber vom sogenannten »Javamenschen« unterschieden werden, welcher bereits der nächsten Entwicklungsstufe (Homo erectus) zugerechnet wird.

Die **Australopithecinen** sind bereits »Zweibeiner« mit aufrechtem Gang. Sie waren vom Skelett her gute Läufer, wenngleich sie im Vergleich mit Homo erectus und Homo sapiens eine eher noch gebückte Haltung einnahmen; die Arme werden aber nicht mehr zur Fortbewegung gebraucht. Sie waren vorwiegend Allesesser (wobei sie mit ihren relativ klobigen Kiefern auch rohes oder halbgares Fleisch essen konnten) bzw. ernährten sich nur von Pflanzenkost (der Paranthropus in Ostafrika). Ihr Gehirnvolumen war im Verhältnis zur Körpergröße (ca. 120–150 cm) viel größer als das der heutigen Menschenaffen, aber – am heutigen Menschen gemessen (ca. 1500 cm^3) – doch noch relativ klein (ca. 550–650 cm^3). Sie hatten wohl noch keine typische Sprache entwickelt, sondern verständigten sich mit variablen Lauten und Gesten. Sie gebrauchten zwar Werkzeuge (was auch Menschenaffen tun), konnten aber noch keine Werkzeuge anfertigen.

Aus den Australopethecinen haben sich dann im **Pleistozän** (2 Mill.–10.000 Jahre v. Chr.) die **Ur-** oder **Frühmenschen (Homo erectus)** entwickelt – aus der Perspektive der Anthropologie die ersten »echten« Menschen, die sich nicht mehr im Übergangsfeld vom Tier zum Menschen befinden, sondern als die Vorläufer des **Homo sapiens**, des modernen Menschen, anzusehen sind und sich deutlich von Hominiden und vom Australopithecus unterscheiden.

Es gibt relativ viele Knochen-Funde des Homo erectus – und das in höchst verschiedenen Weltgegenden, so dass es einige Zeit gedauert hat, ehe man ihn von seinen Vorläufern unterscheiden lernte und als einen relativ einheitlichen neuen Typ – als den **Urmenschen** – identifizierte.

So gesehen, war der Australopithecus (Affenmensch) der direkte Vorläufer des Menschen (Homo erectus und Homo sapiens) und das »fehlende Glied«, allerdings nicht als Einzelwesen, sondern im bereits genannten Übergangsfeld vom Tier zum Menschen.

> *Homo erectus stand mit geradem Rücken und ging mit federnden Schritten. Er war ungefähr 1,60 Meter groß und verdankte seine stattliche Statur und seinen Gang mehreren Entwicklungsschritten in der Anatomie von Becken und Fuß. Diese Veränderungen waren schon bei Australopithecus angelegt worden, aber bei Homo erectus kamen sie der modernen Form bereits recht nahe.*
>
> *Sein Becken war runder geformt, so dass die Gelenkpfanne, die den Oberschenkelknochen mit dem Hüftbein*

verbindet, weiter innen lag ... Der Fuß von Homo erectus, der nun gewölbt war, um das ganze Körpergewicht tragen zu können, hatte ganz und gar die Fähigkeit verloren, so zuzupacken, wie Affenfüße das können.

Als Folge dieser Veränderungen war Homo erectus der erste Primat, der ohne Anstrengung lange Zeit aufrecht gehen konnte.

Man hat keinen vollständigen Satz Knochen von Homo erectus gefunden, aber seine Geschicklichkeit bei der Herstellung von Werkzeugen weist darauf hin, dass er eine Hand wie die unsrige hatte, die zu dem einzigartigen ›Feingriff‹ fähig war, den der Mensch allen anderen Primaten voraushat und bei dem Daumen und übrige Finger von gegenüberliegenden Seiten Druck ausüben und so gleicherweise eine Nadel halten oder einen Speer werfen können.

Zwar war Homo erectus nicht ganz so gebaut wie seine Vorfahren, aber er glich auch uns nicht genau. Seine Knochen waren schwerer und dicker als die des modernen Menschen und brauchten daher dickere Muskeln, um sie in Bewegung zu setzen. Vom Hals aufwärts sah er deutlich primitiver aus. Er hatte eine flache, fliehende Stirn, starke Wülste über den Augen und einen massiven Kiefer mit nur einer Andeutung von Kinn ... Mit der Ausdehnung seines Gehirns wölbte sich sein Schädel höher als der des Australopithecus, seine Stirn trat weniger zurück und seine Kiefer waren kleiner, denn er benutzte Werkzeuge zur Zerkleinerung von Fleisch ... All das führte dazu, dass sein Aussehen menschlicher wurde.

Vier große Leistungen zeigen, dass der Homo erectus zu Recht als erster Mensch angesehen wird:

1. Im Verlauf von mindestens einer Million Jahre verbreitete er sich allmählich über große Teile der Erde und wagte sich – im Pleistozän (= Eiszeitalter!) – auch in die ganzjährig winterlichen nördlichen Klimazonen vor. Durch die zeitweise aufgrund des Festlandeises bestehenden Landbrücken kam er, ausgehend von den Tropengebieten Afrikas, im Laufe von Jahrhunderttausenden, in viele Bereiche des Globus.
2. Er beherrschte das Feuer, benützt es als Wärmequelle, zum Garen von Speisen und auch als »Hilfsmittel« bei der Jagd auf Großwild.

3. Die Rollenteilung zwischen Männern und Frauen, die schon bei den Australopithecinen begonnen hatte, wurde für den Homo erectus typisch: Männer waren Jäger und sorgten für Fleischnahrung, Felle, Knochenwerkzeuge, Waffen usw. – Frauen sammelten essbare Früchte, Körner, Wurzeln, Beeren, Kleintiere usw. und konservierten sie.
4. Er lernte sprechen, konnte sich über die Bildung von Lauten hinaus mit Hilfe von Wortbildungen mitteilen und Gedankenaustausch pflegen und schuf damit Voraussetzungen zur Kulturentwicklung, zur gesellschaftlichen Organisationen (Familie, Jagdgruppe, Stamm) – und damit auch zur Religionsentwicklung.

Woher weiß man das? Durch zahlreiche Funde von Fossilien – Knochen von Menschen und Tieren – Feuerstellen, Werkzeugen, Waffen und anderen Artefakten, die seit der zweiten Hälfte des 19. Jh. n. Chr. ausgegraben wurden.

Die Erforschung der Vorgeschichte nahm nicht zuletzt durch die Lehre von der **Evolution** der Arten (Charles Darwin, 1809–1882) einen enormen Aufschwung. Durch zahlreiche Funde war man allmählich imstande, sie einigermaßen zusammenhängend zu deuten und so auch die **Entstehung des Menschen** zu rekonstruieren.

Man gliedert das gefundene Skelettmaterial heute in drei große Gruppen:
a. ***Frühmenschen (Archanthropinen)*** – *Homo erectus* – nachgewiesen in Südostasien (China und Java), in Süd- und Nordafrika (Überschneidung mit *Australopithecinen*) und in Europa.
b. ***Neanderthaler (Paläanthropinen)***, der sich in der Riß-Würm-Warmzeit entwickelt hat und in der Mitte der 4. Eiszeit ausgestorben ist. Beschränkt auf Europa, Nordafrika und Vorderasien.
c. ***Homo sapiens (Neanthropinen)*** – aus den Archanthropinen (Homo erectus) heraus entwickelt. Ältere Formen *Präsapiens* (Steinheim und Swanscombe) sowie Fontéchevade in Frankreich, steilere Stirn, gleichmäßige Rundung des Schädeldachs; Querschnitt eher viereckig. Der *Homo sapiens* ist im Jungpaläolithikum weltweit verbreitet.

Überblick über wichtige Funde im Übergangsfeld Tier – Mensch

1856 ***Homo neanderthalensis*** im **Neandertal** bei Düsseldorf (Feldhofer Grotte) durch *Johann Carl Fuhlrott*

1891 ***Pithecanthropus erectus*** in **Trinil/Java** am Solofluss durch *Eugène Dubois* (= Beginn der größten gezielt betriebenen »Menschenjagd« in der Geschichte der Wissenschaften)

1907 ***Homo heidelbergensis*** in **Mauer** bei Heidelberg durch *Otto Schoetensack*

1907 ***Homo erectus-Grabungen*** in **Torralba** und **Ambrona** (Sierra de Guadaramma), 150 km NO von Madrid durch den Marqués de Cerralbo brachten zahlreiche menschliche Artefakte, Werkzeuge, Waffen (feuergehärtete Holzspeere), Knochen vieler Elefanten (ausgestorbener Elephas antiquus mit 3 m langen geraden Stoßzähnen) und den Nachweis der Großwildjagd durch Homo erectus vor etwa 400.000 bis 300.000 Jahren.

1911 ***Eoanthropus dawsoni*** (Piltdown-Mensch) in **Sussex/England** durch *Charles Dawson* und *A. Smith Woodward.* (1952 von J. S. Weiner als Fälschung entlarvt!)

1924 ***Australopithecus africanus*** in **Taungs/Betschuanaland** durch *Raymond A. Dart*

1927 ***Sinanthropus pekinensis*** in **Chou-kou-tien** bei Peking durch *John Gunnar Andersson, Otto Zdansky, Davidson Black, Max Schlosser, Birgir Bohlin, Weng Chung Pei* und *Franz Weidenreich*

1939 Identität von ***Pithecanthropus*** (E. Dubois) und ***Sinanthropus*** festgestellt von *Gustav Heinrich Ralph von Koenigswald* und *Franz Weidenreich* durch Fundvergleich: »Peking-Mensch und Java-Mensch gehören beide zur Familie Homo erectus.«

1955 ***Homo erectus-Funde*** in **Ternifine/Algerien**

1960 Weiterführung der Ausgrabungen in Spanien (Torralba und Ambrona) durch die Amerikaner *F. Clark Howell* und *L. G. Freeman jr.* ergaben Hinweise auf mehrmalige Wiederkehr der Jagdgesellschaft in einem allerdings nicht präzis zu definierenden Rhythmus. Es fehlt auch der Nachweis, ob es sich um dieselben Gruppen handelte. Vielleicht Anzeichen einer rituellen Anordnung: lange Elefantenknochen und Stoßzähne in einer geraden Linie – Deutung nicht möglich. Durch Hinweise auf Verarbeitung von Elefantenknochen als Werkzeuge scheidet Einhaltung eines Tabu zur Erklärung aus. Aus den vielen Funden sind aber Rückschlüsse auf gesellschaftliche Ordnung, Intelligenzgrad usw. möglich.

1961 *Homo erectus-Funde* in der **Olduwei**-Schlucht/**Tansania**

1963 *Homo erectus-Funde* in **Lan-tien/China**

1964 Ausgrabungen in der Kulna-Höhle in Mähren: Kulturschichten vom Mittelpaläolithikum über 70.000 Jahre hinweg bis zum Mesolithikum.

1965 *Homo erectus-Fund* in **Vértesszöllös/Ungarn** mit größtem bisher bekanntem Schädelinhalt, grenzt an Homo sapiens.

1966 *Homo erectus-Funde* in **Terra Amata(Nizza)/Riviera** durch *Henry* und *Marie-Antoinette de Lumley* und 300 Archäologiestudenten in fünf Monaten. Ergebnis: 35.000 Gegenstände, rund 400.000 Jahre alt, außerdem viele »Hütten« (8 × 4 bis 15 × 6 m groß) mit Feuerstellen in 21 Wohnebenen (im Steilabfall einer Kalksteinklippe zur Küste), den Arbeitsplatz eines Werkzeugmachers, den Fußabdruck eines Erwachsenen, versteinerte menschliche Exkremente, unzählige Tierknochen aller Art (auch Meerestiere), Werkzeuge aus Knochen, aber keinerlei menschliche Überreste.

1998 Mitarbeiter des Rheinischen Amtes für Bodendenkmalpflege fanden im Neandertal östlich von Düsseldorf insgesamt zwanzig Knochensplitter, die genau zu den 1856 gemachten Funden passen.

Einteilung der Steinzeit nach Kulturperioden

Der Überblick über die Erdzeitalter (s. o.) hat es uns erlaubt, die Entstehung und frühe Entwicklung des Menschen einzuordnen und zu sehen, dass das Werden des Menschen erst in der Erdneuzeit, und zwar im Pliozän, d. h. in der letzten Phase des sogenannten Jungtertiär seinen Anfang nahm (im Übergangsfeld vom Tier zum Menschen) und dass man von »echten Menschen« (Homo erectus und Homo sapiens) erst im Pleistozän, also im Eiszeitalter sprechen kann, das vor etwa zwei Millionen Jahren seinen Anfang nahm und etwa 10.000 v. Chr. in das Holozän (= geologische Gegenwart) überging.

Um der Kreativität des Menschen Rechnung zu tragen, der im Laufe seiner Evolution zur »Krone der Schöpfung« in zunehmendem Maße gestalterisch – und zwar sowohl konstruktiv wie destruktiv – auf die Erde einwirkte, indem er sie »sich untertan machte«, wie es in der Bibel (Genesis 1,28) heißt, hat man das Quartär, diese erdgeschichtlich jüngste Periode, unter dem Gesichtspunkt der gestalterischen Mitwirkung des Menschen, seiner Eingriffe in die Natur als Jäger, Werkzeugbauer, Dämmebauer, Trockenleger, Heger und Pfleger der Flora und Fauna, als Hersteller von Artefakten sowie als Künstler noch weiteren Einteilungen unterzogen, die mit dem Beginn der ersten europäischen Eiszeit (Günz: 600.000) einsetzen. Die Namen der ersten Teil-Perioden werden nach paläolithischen Fundstätten in Frankreich benannt und sind eine gute Hilfe bei der zeitlichen Zuordnung anderer Funde überall auf der Welt, da sich ja der »Vollmensch« (zuerst als Homo erectus, später als Homo sapiens) über die ganze Erde verbreitete, sich aber unterschiedlich schnell entwickelt hat:

1. Altsteinzeit (Paläolithikum): 600.000–8.000 v. Chr.

1.1 Altpaläolithikum: 600.000–75.000

(1) Geröllkulturen (600.000): Primitivste Werkzeugformen des Homo erectus durch Steinzerschlagung.

(2) Abbevillien (500.000–400.000): Älteste rohe Faustkeile aus Feuersteinknollen (mit Spaltkeilen); als »Clactonien« werden nach einer Fundstelle in Essex/GB faustkeillose Werkzeugkulturen genannt.

(3) Acheuléen (400.000–120.000): Großes Sortiment an kleinen und großen Faustkeilen, Spaltkeilen und Abschlaggeräten; »Levalloisien« nennt man die Zeit, in der Vorbehandlung der Rohknollen üblich war, wodurch mehrere Abschläge in Scheiben erzielt wurden.

(4) Micoquien (120.000–75.000): Kleinere Faustkeile mit fast kugeliger Basis und fein ausgeführter Spitze mit geraden oder eingezogenen Längsseiten.

Die Kulturstufen (2) – (4) gelten vor allem für West- und Mitteleuropa. In Süd- und Osteuropa sowie in Vorderasien, Indien, Afrika oder Südostasien gibt es andere Entwicklungen, die weder zeitlich noch inhaltlich mit den westeuropäischen parallel laufen.

1.2 Mittelpaläolithikum: 75.000–35.000

Es ist die Zeit des **Neandertalers**, also eines Seitenzweiges des Menschen, der sich zwar auch aus dem Urmenschen entwickelt hat, aber parallel zum Homo erectus. Er kannte bereits regelrechte Bestattungsbräuche. Konnte vielleicht das Feuer schon selbst entfachen (Funde von Schwefelkiesknollen bei Feuerstellen). Stärkere Familienbindung.

(5) Moustérien (75.000–35.000): Diese Periode deckt sich mit dem Auftreten des Neandertalers in Europa, Nordafrika und Vorderasien. Typische Steingeräte sind Handspitzen und viele Formen von Schabern. Gezähnte Schneide ermöglicht Sägen von Holz und Knochen. Auch gehärtete Holzwaffen wurden gefunden. Viele lokale Sonderformen.

(6) Spätes Moustérien (50.000–35.000): Knochen und Steinplaketten mit Ritzungen in regelmäßigen Abständen, d. h. Ornamente, aber noch keine figurativen Darstellungen.

1.3 Jungpaläolithikum: 35.000–8.000

Erstes Auftreten des **Homo sapiens** gleichzeitig in Europa, Asien und Afrika. Tritt an die Stelle des Neandertalers bzw. stellt eine Weiterentwicklung des Homo erectus dar, wobei in Europa der **Cro Magnon**-Typ führend ist, der bereits große Ähnlichkeit mit dem heutigen Europäer hat. Erstes Auftreten von **Kunstwerken** sowie Verwendung von **Körper- und Kleiderschmuck.**

In der 4. Eiszeit (Würm) spielten **Höhlen** als Zufluchtstätten, als **Wohn-** und **Kult**stätten eine große Rolle. Es kommt aber auch zum Bau fester Hütten mit Holzkonstruktionen und Dächern (aus Steinplatten, Tierfellen) über Erdgruben. Ausgeprägter Totenkult.

(7a) Châtelperronien (35.000–30.000), nur in Frankreich: Halbmondförmig gebogene Steinmesser, Statuetten, Bestattungen mit reichem Muschelschmuck. Erste Kunstwerke der franko-kantabrischen Wandkunst.

(7b) Szeletien (35.000–30.000), in Mitteleuropa (Ungarn): Erste jungpaläolithische Kultur mit großen Klingen, Stichel und moustérienartigen Geräten.

(8) Aurignacien (35.000–20.000): Typisch sind eine große Anzahl von Geräten aus Knochen, Rengeweih und Elfenbein (z. B. Speerspitze mit gespaltener Basis aus Elfenbein). Auf Kalkplatten (auch bereits in Höhlen) gravierte oder gemalte Figuren (abstrakt oder unförmig), Vorderansichten von zumeist unbestimmbaren Tieren, Genitaldarstellungen. Man spricht von der »primitiven Periode« der Felsmalerei. Ab ca. 25.000: Menschendarstellungen (Statutetten) mit überdimensioniertem Rumpf. In West-, Mittel-, Süd- und Osteuropa verbreitet.

(9) Gravettien (25.000–20.000): Lamellenspitzen mit Kantenretusche, Spitzen mit breitem Blatt und Mittelstiel (Pfeilspitzen), Messerklingen mit abgestumpftem Rücken. Doppelkonische Speerspitzen aus Knochen und Elfenbein. Klingen in Holzschäftung eingesetzt. Pfeil und Bogen als Hauptwaffe. Weibliche Statuetten und Reliefbilder (z. B. »Venus von Willendorf« und »Venus von Laussel«, ähnlich auch in Tursac, Lespugue). Kleinkunst in Form gravierter und bemalter Steinplättchen, Kiesel und Knochen. Es existieren auch bereits »Galerien« (Gargas, Altamira), naturalistische Darstellungen im linearen Stil (betonte Umrisse) teilweise mit »verdrehter Perspektive« (Körper und Köpfe im Profil, Geweihe frontal dargestellt). Höhepunkt im »großen Bildersaal« von Lascaux. Ursprung in Osteuropa (vom Don bis Wiener Becken). Über Italien (Grimaldi-Fazies) nach Westfrankreich und in den Norden. In Mähren (Pollau) gebrannte Tonfiguren und älteste Keramikfunde.

(10) Solutréen (20.000–15.000): Kunstperiode ausschließlich in Südwestfrankreich und Spanien. Technische Meisterschaft ist vollkommen, große Qualität der Zeichnungen, Skulpturen und Gravierungen. Typisch sind Relieffriese aus zusammengesetzten Platten (z. B. Isturitz) Charakteristische Speerspitzen (lorbeerblattförmig). Viele Geräte aus Knochen und Geweihmaterial, erste Nadeln mit Öhr.

(11) Magdalénien (15.000–8.000): Klassische Periode bis etwa 11.000, Zeit der geographisch am weitesten verbreiteten Höhlenmalerei (120 Fundstellen allein in Westeuropa!). Großflächige Zeugnisse auch im Südural, in Apulien und Sizilien. Starker Formenrealismus. Viele Waffen aus Knochen, z. B. Harpunen mit doppelreihigen Widerhaken. »Kommandostäbe« (verzierte Lochstäbe mit figürlichem oder ornamentalem Schmuck). Verzierte Speerschleudern (mit verstärkter Wurfkraft, größerer Treffsicherheit; ursprünglich aus Holz; erhalten blieben Geräte aus Bein und Geweih (wahrscheinlich rituelle Bedeutung!). Speer- und Pfeilspitzen mit Blut- oder Giftrinnen. Feine Nähnadeln und Angelhaken aus Knochenteilen. Vielfältige Steingeräte am Höhepunkt der Entwicklung.

In Glozel (bei Vichy) fand man zahlreiche mit alphabetischen Zeichen bedeckte gebrannte Tontäfelchen, die vielleicht die älteste Schrift enthalten – bis heute nicht entziffert.

In der »Spätperiode«: stärkere Stilisierung und Ornamentalisierung, tw. Steifheit und Schematisierung in der Darstellung. Um 9.000 (= Ende der Würm-Eiszeit): Beginn des künstlerischen Verfalls bzw. starker Wandel.

2. Mittelsteinzeit (Mesolithikum): 8.000–6.000 v. Chr.

Man bezeichnet damit die Übergangszeit zwischen dem Ende der Eiszeit und dem Übergang von der reinen Jäger- und Sammler-Wirtschaft zu Ackerbau und Viehzucht. Die radikale Veränderung des Klimas bewirkte eine radikale Veränderung der Landschaft – und damit auch der Flora und Fauna und der an sie angepassten und von ihnen lebenden Menschen. Die in den mehr als 60.000 Jahren der 4. Eiszeit angepasste Tierwelt wanderte mit den sich zurückziehenden Gletschern nach Norden oder in die Gebirgshöhen ab. Die Jäger folgten dem Wild, mussten daher ihre seit Jahrzehntausenden (!) gewohnten Lebensräume wechseln und ihre Lebensgewohnheiten beträchtlich verändern.

Man spricht daher von der »großen Revolution am Ende der Eiszeit« und sieht das Mesolithikum als eine je nach geographischer Lage variable Übergangszeit zur letzten Phase der Steinzeit bzw. zur raschen Entwicklung der Menschheit durch die Erfindung der Metalle und durch zunehmende Sesshaftigkeit.

Im Mesolithikum bildeten sich die **heute dominierenden Menschenrassen** (Europide, Mongolide, Negroide) heraus, die weite, bisher vom Eis bedeckte Landstriche besiedeln.

Die typische Höhlenkunst der Altsteinzeit brach ab. In der spanischen Levante (zwischen Barcelona und Valencia) entstand aber um 6.000 eine neue Felsbildkunst an offenen überhängenden Felswänden: einfarbige Malereien (Rottöne, Schwarz und Weiß), mit Bindemittel haftbar gemacht; kleine Figuren (häufig Menschen), schematisierte Szenen (oft Treibjagd, Kämpfe zwischen Kriegern, tanzende Frauen), kaum Einzeldarstellungen; viele Hinweise auf Bekleidung, Werkzeuge, Gegenstände, Gruppenverhalten. Häufige Übermalungen und deutliche stilistische Entwicklungen in Richtung Schematisierung. Bis etwa 3.000 lebendig.

In Europa lassen sich die folgenden mesolithischen Kulturgruppen unterscheiden:

(12) Azilien (um 9.000): Enge Verbindungen zum jungpaläolithischen Magdelénien in Südfrankreich, den Pyrenäen und Nordspanien, mit Einflüssen bis nach Mitteleuropa; relativ kleine Steingeräte; typisch sind bemalte oder gravierte Kiesel mit einfachen Mustern, die vielleicht mit kultischen Vorstellungen zusammenhängen.

(13) Sauveterrien (um 7.000): Weit verbreitet zwischen Spanien, Frankreich, Niederlande, Deutschland, Schweiz bis Tschechien. Typisch sind mikrolithische Steingeräte, die als Schneideeinsätze nebeneinander in Knochen- oder Holzwaffen eingesetzt werden. Vielleicht wurde sie von Nordafrika (Capsien-Kultur) beeinflusst.

(14) Tardenoisien (um 6.000): Weiterführung der vorhergehenden Periode – neu ist nur die Trapezform der Mikrolithen; Schwerpunkt sind die Küsten Portugals und der Bretagne. Knochengeräte teilweise mit geometrischen Mustern.

(15) Maglemose-Kultur (um 5.000): Zwischen Dänemark, Südschweden und Ostengland verbreitete, auch Baltikum, Polen und NW-Deutschland beeinflussende Fischerei-Kultur, die mit der in Nordrussland bis zum Ural verbreiteten »Kunda-Kultur« ident ist. Schwere Steinbeile zur Holzbearbeitung, aber auch Mikrolithen, Knochen-, Geweih- und Holzgeräte sowie Waffen (darunter z. B. mannshohe Bogen) wurden gefunden. Hunde waren bereits domestiziert und als Schlittenhunde eingesetzt, wie Schlittenkufen belegen. Kleinplastiken und Schmuck aus Bernstein, Ritzzeichnungen auf Knochen. All dies hat sich in den skandinavischen Moorgebieten gut erhalten.

(16) Fosna- und Komsa-Kultur, Arktische Felsbildkunst: Erstere ist hauptsächlich an der norwegischen Westküste, letztere über ganz Skandinavien und Karelien (NW-Rußland), sogar bis nach Finnland und Sibirien verbreitet. Die Felsbilder fast durchwegs an schwer erreichbaren Plätzen der tief eingeschnittenen Fjorde, an senkrechten, aber auch auf fast waagrechten Felsflächen. Trotz Bindemittel sind die Farben nicht gut erhalten, die Zeichnungen aber erkennbar, weil die Umrisslinien tw. in den Fels eingeschnitten oder gepunzt wurden. Dargestellt werden vor allem Tiere, seltener Menschen, diese stilisierter als die Tiere und bewaffnet, auch mit Tiermasken. Eher großformatig – Einzeldarstellungen überwiegen. Ursprung dieser arktischen Kunst wahrscheinlich im Osten

3. Jungsteinzeit (Neolithikum): 6.000–4.000
Teilweise (z. B. in Vorderasien) mündeten die mesolithischen Kulturen bereits in die vorgeschichtlichen Phasen der späteren Hochkulturen ein, über die in anderen Bänden der Reihe GRUNDWISSEN RELIGION gehandelt wird, die den großen Weltreligionen oder den erloschenen »Alten Hochreligionen« gewidmet sind. In Europa dauerte diese Zeit nur kurz bzw. lief neben **Kupferzeit, Bronzezeit** und **Eisenzeit** her oder überschnitt sich mit diesen Perioden.

Wer steuerte die Evolution? – Probleme des religiösen Zugangs

Im Sinne der Serie GRUNDWISSEN RELIGION geht es im vorliegenden Band nicht nur um den Glauben der Urmenschen, sondern auch darum, jene Lücken ins Bewusstsein zu heben, die in anderen Bänden der Serie jeweils am Beginn offen blieben, weil die großen Weltreligionen Asiens, die Helmuth von Glasenapp »Religionen des ewigen Weltgesetzes« nennt – *Hinduismus, Buddhismus und chinesischer Universismus* – bzw. die »Religionen der geschichtlichen Gottesoffenbarung« – *Judentum, Christentum und Islam* – jeweils erst dort beginnen, wo schriftliche Zeugnisse, Berichte, Offenbarungen oder Überlieferungen vorliegen bzw. nachweislich einsetzen. Die jeweilige Vorzeit oder Frühzeit, aus der einzelne Elemente der verwendeten Begriffe, Vorstellungen,

Praktiken – und der Ursprung ihrer Bedeutung – stammen, bleibt weitgehend im Dunkeln.

Dies gilt auch für die heute nicht mehr existierenden Religionen in den alten Hochkulturen (Mesopotamien, Ägypten, Persien, Altamerika beziehungsweise der Griechen, Römer, Hellenisten, Kelten, Germanen, Slawen). Jeweils konnte die Vorgeschichte nur angedeutet, aber nicht im Detail hinterfragt werden.

Diese Religionen und Glaubensvorstellungen treten erst in der Jungsteinzeit (frühestens um 3.000 v. Chr.) ins Licht der Geschichte. Was vorher war – also der mehr oder minder lange **Ursprung** – bleibt weitgehend im »Vorgeschichte«-Nebel verborgen, auch wenn es da und dort begründete Mutmaßungen über die Bedeutung von Fakten (Funden), aus späteren schriftlichen Zeugnissen rekonstruierbare mündliche Überlieferungen und durch Funde belegbares Detailwissen über Glaubenserfahrungen und die religiöse Praxis gibt.

Dieser lange Zeitraum zurück bis an der Ursprung der Menschheit (vor einigen Millionen Jahren) beziehungsweise in die (schriftlose) Vorgeschichte der Frühzeit der einzelnen Kulturen und religiösen Traditionen ist der eigentliche Gegenstand des vorliegenden Bandes, der den gegenwärtigen Stand der Antwort auf die Frage nach dem GLAUBEN DER URMENSCHEN in übersichtlicher und allgemein verständlicher Form zur Kenntnis bringen will, allerdings nicht auf die Vorgeschichte der einzelnen Religionen eingehen kann.

Wir werden uns aber eingehend mit einzelnen Elementen des Glaubens der Urmenschen bzw. einer *religio perennis* (= durchgängige Religiosität) als den Perspektiven der grundlegenden Frage nach Ursprung und Wesen von Religion und Spiritualität zu beschäftigen haben und den vielschichtigen Weg dahin beschreiben.

An dieser Stelle ist es angebracht, einen wichtigen Denker und Wissenschaftler des 20. Jh. besonders zu nennen, dessen Lebenswerk als Geologe und Paläontologe der Erforschung der Frühzeit des Menschen gewidmet war und dessen Genialität als mystisch-spekulativer Denker entscheidende Durchblicke bzw. eine »Zusammenschau« ermöglichte, die leider in den ideologischen Auseinandersetzungen der vergangenen Jahrzehnte viel zu wenig wahrgenommen wurde und kaum in die Fachliteratur Eingang gefunden hat. Es ist der französische Jesuitenpater und Paläontologen **Pierre Teilhard de Chardin** (1881–1955).

Dem an einem GRUNDWISSEN RELIGION interessierten Leser sollten einige Grundgedanken von »Le milieu divin« (Der göttliche Bereich) und »Le phénomène humain« (Der Mensch im Kosmos) willkommen sein.

Pierre Teilhard de Chardin setzte neue Maßstäbe für die Antworten auf die Frage nach dem Glauben der Urmenschen – nicht so sehr durch seine Beiträge als Geologe, Anthropologe und Paläontologe im Zusammenhang mit der Entdeckung des Pekingmenschen (= homo erectus pekinensis) oder durch seine Forschungsreisen und Grabungen in Zentralasien, Indien, Java und Südafrika als durch wichtige mystisch-theologische Perspektiven, die er in die Reflexion über die Bedeutung der Funde in diesen Fragen-und-Antwort-Komplex eingebracht hat.

Er fragte nicht nur zurück an den Ursprung der Menschheit, sondern zugleich voraus, nach welchem Ziel die Menschheitsentwicklung unterwegs ist. Es ging ihm um ein neues Sehen, das in unserem Zusammenhang sehr wichtig ist und helfen kann, die angedeuteten Probleme zu bewältigen.

Seit Jahrhunderten arbeiten fortschrittlich gesinnte Menschen an einem neuen Weltbild. Doch erst mit der Entdeckung des Kopernikus – durch welche für das denkende Bewusstsein die Erde aus ihrer Mittelpunktstellung im Weltall verdrängt wurde – hat sich ein neues Verhalten und Verhältnis zur Natur ergeben, als die alte, eher mythisch geprägte Weltsicht durch die naturwissenschaftliche abgelöst wurde. Dadurch wurde auch das bisherige christliche Weltbild ernsthaft in Frage gestellt.

Teilhard hat aber nicht fundamentalistisch darauf reagiert, wie viele seiner christlichen Zeitgenossen, sondern hat aus anderen Gründen ein leidenschaftliches Nein dazu gesagt und darauf aufmerksam gemacht, das es am Blick des Menschen liegt, durch das Äußere von Welt, Erde, Mensch (gemeint sind die empirischen Phänomene) hindurch bis in deren Inneres (gemeint sind Sinn und Ziel, Berufung, Führung, Bestimmung) vorzudringen.

In seinem revolutionären Buch »Der Mensch im Kosmos« (Le phénomène humain) machte er klar, dass in allen Erscheinungen des Kosmos eine »Achse der Entwicklung« sichtbar wird, deren Sinn die Anthropogenese (= Menschwerdung) ist. Und er plädiert folgerichtig dafür, bei wissenschaftlich-positivistischen Erklärungen des Universums nicht die Innenseite der Dinge zu übersehen, weil der Geist mit der Materie ein unteilbares Ganzes, eine unverzichtbare Einheit bildet und deshalb das eine nicht ohne das andere gesehen und verstanden werden kann.

Teilhard akzeptiert voll die Sicht der Naturwissenschaft und ihre Ergebnisse, aber er versteht sie als Sicht von außen, die eine entscheidend wichtige Dimension vernachlässigt, so dass man auf gedanklichem Weg die »Sicht von innen« hinzufügen muss. Die lange Suche nach dem *missing link* – dem fehlenden Glied zwischen der Tierwelt und dem Menschen – beendete er für sich durch die Erkenntnis, dass alles, was im Laufe von Finalisierung (= zielgerichtete Evolution) entsteht, bereits von Beginn an – allerdings »dunkel« – vorhanden und wirksam war. Im Inneren der Erde waren von Anfang an »prävitaler Stoff« und »prävitale Energie« wirksam.

Während des Milliarden dauernden Stadiums der jungen Erde haben sie zur Bildung einer Prä-Biosphäre (= Vor-Lebenssphäre) beigetragen, aus der sich in der Biosphäre (= Lebenssphäre) Flora und Fauna entfaltet haben und in der Noosphäre (= Bewusstseinssphäre) durch spezialisierte Gehirnausbildung der Primaten (= Spitze der Säugetier-Entwicklung) die Bildung des Menschen (Anthropogenese) als höchstes Ziel der Erdentwicklung – durch direkte »Schöpfung Gottes« *(Lasst uns Menschen machen als unser Abbild, uns ähnlich*; vgl. Gen 1,26 am »Sechsten Schöpfungstag«) – möglich wurde.

Als im Ich-Bewusstsein des Menschen das Wissen um sein eigenes Sein auftauchte und er sich damit über das Tier erhob – das auch bereits ein gewisses Bewusstsein von sich selbst hat, dem aber noch »das Bewusstsein seines Bewusstseins« fehlt – und er so den Ursprung seines Ich-Selbst in Gott erfassen konnte, erreichte die Evolution ihre Finalität (= das Stadium, um dessen willen die gesamte Evolution auf dem Planeten Erde vom Schöpfergott in Gang gesetzt wurde).

Johannes Hemleben verweist in seiner Interpretation der Gedankengänge Teilhards darauf, dass der griechische Begriff ***nous*** in seinem breiten Inhalt von Geist und Sinn, Verstand und Vernunft, Gemüt, Herz, wollender Seele, Bewusstsein usw. sowohl für das geistige Tun von Menschen wie von Gottheiten (im Polytheismus) verwendet wird und so bestens geeignet ist, als Trägerbegriff der **Noosphäre** verwendet zu werden, welche die Erde zunehmend wie ein Gürtel umhüllt, da sie aus dem Denken, Wollen, Fühlen und Handeln der Menschen (und Götter/Gottheiten/Engel) besteht und davon gespeist wird – und daher noch ständig im Wachsen begriffen ist –, in ihrer Konsistenz aber von der Qualität und Wertigkeit des menschlichen Geisteslebens abhängig ist.

Die Noosphäre ist gegenüber der Biosphäre nicht nur eine »höhere Schicht« im Erdorganismus, sondern bringt zugleich auch das Ziel der Erdentwicklung zum Ausdruck. Für den Erdwissenschafler und christlichen Theologen verläuft die Erd-Evolution vom ersten Ursprung der Stofflichkeit im göttlichen Schöpfungsakt (mit bereits prä-biotischen und prä-noetischen Ansätzen) über die Entstehung und Entfaltung der Biosphäre (in der Artenentwicklung der Flora und Fauna bis zu den Primaten im Übergangsfeld vom Tier zum Menschen) bis zum Hervortreten des Menschen im Durchbruch der Noosphäre und die zunehmende Ausprägung der Menschheit in den verschiedenen Rassen, Sprachen, Völkern und Stämmen (die untereinander unaufhörlich in Kämpfe, Revolutionen und Kriege verwickelt sind) nach einem *divergenten* Prinzip (= Auseinanderstreben).

Diese Divergenz kommt in der biblischen Schöpfungsgeschichte nur andeutungsweise zum Ausdruck (Infragestellen der Schöpfungsordnung Gen 3, Brudermörder Kain Gen 4, verdorbene Menschheit und Sintflut Gen 6ff., babylonische Sprachenverwirrung Gen 11 usw.).

In der Person-Bildung und in jedem Ich-Bewusstsein (also in der Anthropogenese) und schließlich im »Gottmenschen« (also in der Christogenese) erreicht die Divergenz ihren Kulminationspunkt. Danach geht die *Evolution* in *Involution* über, weil die bisher dominierende Kraft der Divergenz von einer immer stärker werdenden Kraft der *Konvergenz* (= Zusammenführen) abgelöst wird.

Inbegriff der konvergierenden – d. h. die »auseinandergedriftete« Schöpfung wieder zusammenführenden – Macht ist für Teilhard de Chardin **Jesus Christus** als das kosmisch wirksame Weltprinzip. Sein Wille und Wesen sammelt im Verlauf der Christogenese die zerstreute Welt wieder ein, indem er die entfaltete Schöpfung vergeistigt und zu ihrem gemeinsamen Ursprung – also zur Einung in der Gottheit – zurückführt. Dieses »Omega« (= Endpunkt) ist nicht mit dem »Alpha« (= Ursprung) ident, sondern dessen Überhöhung und Vollendung:

Das Universell-Zukünftige kann nur ein Überpersönliches sein – im Punkt Omega; jedes einzelne Bewusstsein, das sich im Überbewusstsein mit der Gottheit vereinigt, bleibt am Ende dieses Vorgangs seiner selbst bewusst, gelangt sogar (dies muss man richtig verstehen) immer mehr zu sich selbst und unterscheidet sich daher um so mehr von den anderen, je mehr es sich in Omega den anderen nähert; je mehr sie alle zusammen der andere werden, umso mehr finden sie ihr Ich.

Diese Sprache Teilhards orientiert sich deutlich an der Geheimen Offenbarung des Johannes: *»Ich bin das Alpha und das Omega, der Anfang und das Ende, spricht Gott der Herr, der da ist und da war und der da kommt, der Allherrscher«* (Offb 1, 8) und gibt dem modernen Weltbild seine Innenseite, also seine Seele zurück.

Teilhard sieht die Wurzel der Probleme, die die moderne Wissenschaft mit dem Urmenschen hat, in ihrem Versuch, die innere Seite der Wirklichkeit – und damit »eine ganze Dimension des Universums« – zu vernachlässigen oder überhaupt zu ignorieren. Und er stellt dem seine kühnen Synthesen entgegen, wobei er sich dessen bewusst ist, dass er sich damit »zwischen den Stühlen« befindet: *»Ich frage mich ein wenig, welche Wirkung das Ding* (gemeint ist sein Manuskript »Le phénomène humain«) *haben wird, wenn es gelingt, es zu veröffentlichen (was ich hoffe). Ich werde gleichzeitig die reinen Naturwissenschaftler und die reinen Metaphysiker gegen mich haben.«*

Die folgenden bedenkenswerten Aussagen Teilhards »Über das Phänomen des Christentums« verdeutlichen die Ursachen der Auseinandersetzung um diesen christlichen Verfechter der Evolution, die bis heute nicht bereinigt ist:

Die Welt schaffen, vollenden und entsühnen, so lesen wir bereits bei Paulus und Johannes, ist für Gott die Einigung der Welt in einer organischen Vereinigung mit sich selbst. Auf welche Weise eint er sie? Indem er mit einem Teil seines Wesens in die Dinge eintaucht, indem er sich zum Element macht, und indem er dann, kraft des im Herzen der Materie gefundenen Stützpunktes, die Führung und den Plan dessen übernimmt, was wir heute Evolution nennen.

Als Prinzip universeller Lebenskraft hat Christus, indem er als Mensch unter Menschen erstanden ist, seine Stellung eingenommen, und er ist seit je dabei, den allgemeinen Aufstieg des Bewusstseins, in den er sich hineingestellt hat, unter sich zu beugen, zu reinigen, zu leiten und aufs höchste zu beseelen.«

Daraus ergibt sich, dass im Übergangsfeld Tier-Mensch (von »außen« her gesehen) irgendwann der Eingriff des Schöpfergottes – die Einpflanzung der »Geistseele« bzw. des »Gottesfunkens« erfolgt sein muss, wodurch aus hochentwickelten Hominiden (= Menschenähnlichen) in einer Art Quantensprung in die irdische Lebenswelt eingepflanzte (= inkarnierte) Kinder Gottes wurden, die das göttliche Geschenk der Vernunft, des freien Willens, der Gottesschau, der Liebesnatur, also der unzerstörbaren Geistseele, in ihr Erdenleben mitbrachten, diese geistige Natur aber unter den materiellen Konditionen – zu denen die Herkunft des menschlichen Körpers aus der tierischen Evolution gehört – zur Geltung zu bringen hatten.

Dieser göttliche Schöpfungsakt kann nicht durch »Funde« belegt, sondern nur aus den Auswirkungen und sich daraus ergebenden *causae secundae* (= Zweitursachen) gefolgert werden, und zwar von einer Sicht- und Denkweise, die den göttlichen Ursprung des Menschen weder positivistisch ausklammert noch fundamentalistisch (als beweisbares Faktum) einfordert, sondern in einer integrativen Denkweise **mit einschließt.**

Die Abstammung der Menschheit von einem einzelnen Elternpaar »Adam und Eva« (vgl. den theologischen Terminus »Monogenese«!) oder die Datierung des Beginns dieser von Gottes Hand direkt geschaffenen »adamitischen Gottmenschen« (im Gegensatz zu den insgesamt als »Präadamiten« = Hominiden disqualifizierten Urmenschen) auf das 5. Jahrtausend v. Chr. steht in einem unüberbrückbaren Gegensatz sowohl zum Sinn der biblischen Aussagen wie zu dem von der Vorgeschichtsforschung gesteckten Denkrahmen, den wir eben skizziert haben. Darüber wird im abschließenden Kapitel noch mehr zu sagen sein.

In diesem Zusammenhang sei noch ein zweites hilfreiches Denkmodell vorgestellt, das ebenfalls – wenn auch aus anderen Gründen – in der Sachdiskussion keine Rolle gespielt hat, obwohl es sehr interessante und meiner Meinung nach sogar entscheidende Perspektiven einzubringen hat. Es handelt sich um das erstmals 1870 im Verlag der Lechnerschen Hofbuchhandlung in Wien erschienene Buch »Geist, Kraft, Stoff«, das auf schreibmedialem Weg durch die ungarische Baronin Adelma Vay Ende 1869 in Budapest entstanden ist und als dessen geistige Urheber Maria, Buddha und Laurentius genannt werden.

Man sah darin eine Polemik gegen das kämpferisch »materialistische« Buch »Kraft und Stoff« von Ludwig Büchner (1824–1899), das sehr populär war und als Gegengewicht gegen eine weit verbreitete naive Schöpfungsgläubigkeit gefeiert wurde. Es gibt anerkennende Äußerungen – z. B. vom Würzburger Philosophen Franz Hoffmann, dem Nachfolger des bekannten Franz Baader: *»Es ist unmöglich anzunehmen, dass diese großartige Konzeption über eine Lehre des Welterschaffens im Kopfe einer Frau entstanden sein soll«* –, die allerdings bereits erkennen lassen, dass man den »geistwissenschaftlichen«, medialen Ursprung dieser Gedanken nicht verstand und einordnen konnte.

Der folgende Auszug aus dem ersten Kapitel kann einen kleinen Einblick in die Intention und die Gedankentiefe dieses außergewöhnlichen Buches geben:

> *»Am Anfang war das Wort, und das Wort war in Gott. Alles ist durch dasselbe gemacht worden, was gemacht worden ist« – so der Apostel Johannes. »Im Anfang war Gott; Gott war der Anfang«, so das Alte Testament.*
>
> *Wie mächtig klingen diese Worte: »Gott war der Anfang«, d. h. Gott war alles … Gott ist der Anfang und ein Geist, der tätig ist und schafft. Wenn er der Schöpfer alles dessen ist, was wir sehen, so muss er die höchste Intelligenz, die größte Liebe, der stärkste Wille, das denkbar Vorzüg-*

lichste sein, denn nur diese Eigenschaften sind schöpfungsfähig und bringen ein logisches Ganzes zusammen. Ja, er muss absolut und unwandelbar in sich selbst sein, denn nur so kann er der Mittelpunkt und Motor des Alls, der Schöpfer der unabänderlichen Naturgesetze sein. Er muss von allem, was da ist, in sich haben, und zwar in höchster Potenz vereint, denn nur so kann er alles schaffen …

Alles folgt diesen Gesetzen: Ihr Menschen, die Pflanzen, das Tier, der Sand am Meer! Er ist inmitten all dessen der unabänderliche absolute Gott und Schöpfer, alles in sich fassend, und Licht, Leben, Bewegung aus sich herausgebend!…

Aus diesen dreien – Geist, Kraft, Urlicht – geht alles in Verdichtungen und Verwandlungen, welche man Schöpfungen nennt, hervor. Vom kleinsten Stäubchen bis zum höchsten Geiste ist in ihren Wirkungen alles Geist, Kraft und Stoff, die eins sind. Kraft und Stoff allein, ohne Geist, wären tot, da dieser der Beleber ist. Kraft und Stoff sind jedoch dem Geiste zu seinem Wirken und Schaffen ebenso nötig wie er ihnen zur Belebung. Geist ohne Kraft und Stoff wäre untätig und unfähig; Kraft und Stoff ohne Geist wären leblos, tot; doch alle drei in eins vereint, sind Leben, Schaffung!

Also sind diese drei in allem Dasein eins und nicht zu trennen und erscheinen nicht nur bei Gott, sondern überall, in allem als Dreiheit; im Wurm wie im Menschen, im Molekül wie im schönsten Werk, denn alles ist zu Gott relativ, eine Dreiheit, die einzig und allein absolut und positiv ist …

Es ist unlogisch, Gott zu leugnen, denn gerade die Wissenschaft erfährt es täglich, dass sie den Grund, die Wahrheit und Ursache alles Daseins nicht weiß; dass Zeit und Forschung Hypothesen umstürzen und frühere Wunder als Gesetz erklären können … Der Zweck unserer Arbeit ist, euch durch Logik den Beweis der höchsten Intelligenz, also Gottes zu geben … Gottes Schaffen ist ebenso ewig wie er selbst; trotz dieses ewigen Schaffens ist keine Überfüllung im All – nach dem Gesetz der Einswerdung, welches das 3. Buch unseres Werkes bringt … Weil die Menschen dieses ewige Schaffen und neue Entstehen mit dem ewigen Fort-

leben aller Schöpfungen nicht vereinbaren können, so wollen sie das ewige Fortleben leugnen. Dies ist sehr unwissenschaftlich gehandelt; so entstanden allerlei falsche Theorien und Philosophien.

Gott ist der Erzeuger alles Lebens, der Beleber des Alls. Der tote und leb- und kraftlose Stoff war der Empfänger dieses Geistes, dieser Kraft und dieses Urlichtes. Er wurde zur Tätigkeit, zum Leben erweckt. Er wurde »Etwas«, nämlich die Gebärerin des Lebensprinzips, und es bildete sich unter Gottes Blick und Willen durch seine Erzeugungskraft ein belebtes All … Eine Zweiartigkeit entwickelt sich nun vor euch: ihr habt das geistige Prinzip Gottes und das Lebensprinzip des Alls, die Vibrations- und die Attraktionskraft, das Ur- und das Odlicht …

Diese Zweiartigkeit teilt sich dem All mit – über diesem ist der unwandelbare absolute Gott, der Schöpfer.

Wir haben Gottes Geist, Kraft und Urlicht, dann das Lebensprinzip – Attraktionskraft und Odlicht; aus diesen Doppelwirkungen bildeten sich belebte Geister, eine Rotation, Spiralbewegung, Drehung und ein Fluid … die Erstlinge des Geistes Gottes.

Nach der Schaffung der »Erstlinge« Gottes kam es bei einem Teil von ihnen durch Hochmut, Ungehorsam und Übertretung der Gesetze zum »Bruch« mit Gottes Schöpfungsordnung und damit zur Entwicklung von »Gegensatzgeistern« und zum »Kampf zwischen Licht und Dunkel«. Gott ließ den Gegensatz zu, weil er den Erstlingen freien Willen gegeben hatte, und ließ es zu, dass sie ihre Kräfte in der Entartung der Gesetze, in Disharmonie und Verdunkelung ihres gottgegebenen Lichtes vergeudeten. Dadurch kam es zur Trennung der ursprünglich zweiartig geschaffenen Dualgeister, zur Verdunkelung, Verdichtung und zum Chaos eines dreifachen »Falls«. Gott aber vernichtete die abgefallenen Geister nicht, sondern schloss den Gegensatz in das Naturgesetz ein, wodurch es die Chance zur Rückkehr, Versöhnung und Heimkehr gab – was durch Gottes ewige Liebe, die Solidarhilfe der treuen Erstlinge und den Einsatz der zur Unterstützung der Heimkehrwilligen geschaffenen »Sekundargeister« möglich wurde und durch die Ausbildung von sieben Weltstufen, von fluidalen, halb-materiellen und dichtstofflichen

Lern- und Sühneplaneten und anderen »Depotenzierungsstufen« sowie durch das Ingangsetzen eines umfassenden Potenzierungsprogramms durch die Sendung des »Heimführers« Jesus Christus auf die Erde mit dem Ziel, dass »Gott wieder alles in allem« (= Eins-werdung) werde, seine Realisierung fand.

All dies findet sich nur andeutungsweise in der Bibel und in den anderen großen »Offenbarungen« und bedeutet – zusammen mit einem faszinierenden Niederschlag in einem erstaunlichen »Zahlengesetz«, das jedem Kapitel beigefügt ist –, eine gewaltige Erweiterung des Bewusstseins für jene Menschen, die sich nicht durch Skepsis und Vorurteile von der Erforschung der Wahrheit abhalten lassen.

Die jenseitigen »Autoren« verkünden abschließend:

Wir hatten die Mission, euch dies zu sagen, und sprechen aus der heiligen Drei – aus Gott, aus dem Sohn und aus dem Geist – und gaben ihre Influenzierung, ihre geistigen Gebote, ihre Offenbarung an uns diesem Medium weiter. Sie wurde durch uns auf die Aufgabe von Kindheit an vorbereitet, indem wir sie stets mit unserem »Magnetismus« fluidisch und mit unserer »Influenzierung« geistige umgaben. Da sie uns willig folgte, konnten wir sie leicht dieser mechanischen Mediumschaft zuführen ... Ob der Geist rein oder unrein ist, werdet ihr selbst beurteilen. Ob er aus Gott oder dem Gegensatz spricht, sollt ihr selbst sagen. Ob er Christi Nachfolger oder ein Antichrist ist, sollt ihr selbst fühlen.

Wie beenden hiermit eine Aufgabe unserer Mission; jetzt, wo man allenthalben hier und dort falsche Christusse finden wird. Jetzt, wo ein großer Teil der Christenheit Gott leugnen wird; jetzt, in der Zeit der Verwirrungen, wo ihr nur unter Kampf und Streit den Weg zu Gott und zum Geiste finden werdet. Glaubt an Geist – Kraft – Stoff, an eine Wirkung aus Drei. Glaubt an die geistige heilige Drei: an Gott den Unwandelbaren, Positiven, an die Erlösungskraft seines Sohnes und an die Influenzierung des Geistes!

In unserem Zusammenhang der Probleme des religiösen Zugangs bei der Frage nach dem Glauben der Urmenschen ist es wichtig zu sehen, dass sowohl Teilhard de Chardin als auch die Kundgabe durch Adelma Vay eindeutig die totale Präsenz

Gottes im Kosmos bzw. in unserer irdischen Lebenswelt aufzeigen und die fatale Trennung von wissenschaftlicher Sichtweise und religiöser Ideologie vehement zurückweisen.

Dies aber nicht auf der Ebene eines ideologischen Grabenkampfes (wo Meinung gegen Meinung, Ideologie gegen Ideologie steht), sondern von einer geistigen Warte aus – und das heißt, auf einer Ebene, auf der man Verstand (logisch-rationales Denken) und Vernunft (gottgegebene Geisteskraft), Wissen und Glauben gleichberechtigt und gemeinsam einsetzt und im Sinne der von Paulus im 1. Thessalonicherbrief (5,17f.) empfohlenen Mahnungen konsequent und ohne Ressentiments nach der umfassenden Wahrheit fragt:

> *Betet ohne Unterlass! Dankt für alles; denn das will Gott von euch, die ihr Christus Jesus gehört. Löscht den Geist nicht aus! Verachtet prophetisches Reden nicht! Prüft alles, und behaltet das Gute! Meidet das Böse in jeder Gestalt!* .

Diese Worte bedeuten, auf die hier angeschnittenen Probleme angewendet: Man soll den Glauben an den absoluten dreieinigen Schöpfergott »ohne Unterlass« vollziehen, in der Sicherheit, dass die erfüllende Nähe des Ewigen sich dem dafür Offenen ständig erschließt. Und das gilt im Universum ebenso wie in der kleinen Lebenswelt jedes Einzelnen! Deshalb ist nicht Skepsis und Zweifel, sondern dankbare Annahmebereitschaft Gott gegenüber die adäquate Haltung nicht nur jedes Menschen seit Urzeiten, sondern auch dessen, der heute nach dem »Glauben der Urmenschen« fragt. Was nötig ist, ist die Offenheit für den »Geist«, der z. B. aus den Erkenntnissen des Mystikers Teilhard wie aus den medialen Kundgaben geistiger Lehrer wie der »Autoren« von »Geist, Kraft, Stoff« spricht. Auch hier ist nicht »geistlöschende« Skepsis und »verachtendes« Misstrauen gegenüber dem »Prophetischen« (= Medialen) am Platz, sondern die prüfende Anwendung der Gaben zur Unterscheidung der Geister und die Bereitschaft, geistige Geschenke als gute Gaben, die unsere geistige Armut beheben, anzunehmen, zu ehren und dankbar zu nutzen. Nicht umsonst warnte Jesus so deutlich vor der Sünde gegen den Geist, weil das Sich-Verschließen vor besserer Einsicht unvergebbar ist.

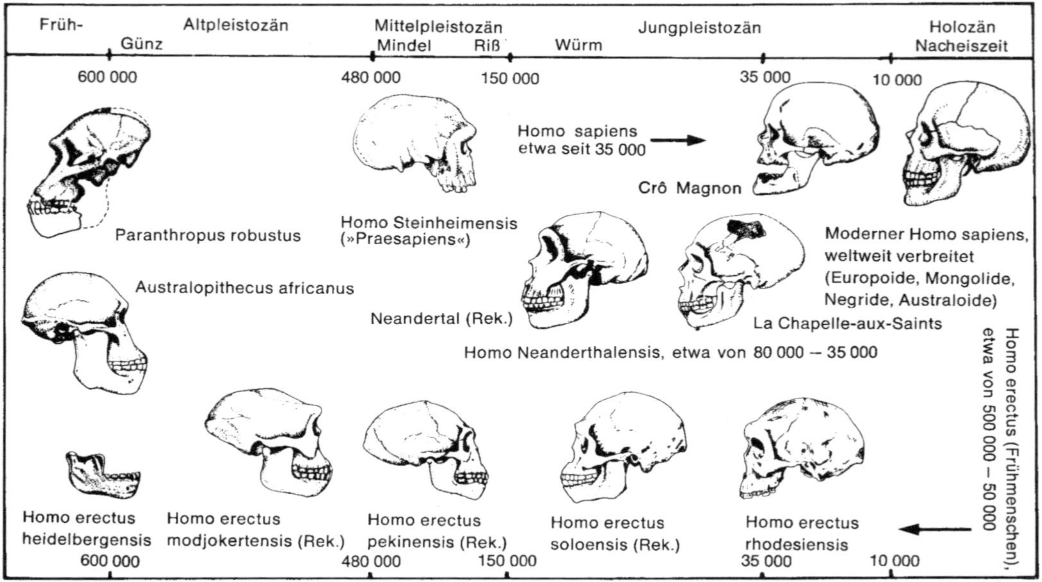

Schädel der wichtigsten Menschentypen der Eiszeit.

Dokumente des Glaubens aus der Altsteinzeit

Wenn wir in diesem Band nach dem GLAUBEN DER URMENSCHEN fragen, haben wir spontan den **Altsteinzeit-Menschen** vor Augen. Also jenes menschliche Wesen, das sich durch seinen aufrechten Gang, durch das Anfertigen und den Gebrauch von Werkzeugen, Waffen, Gegenständen des täglichen Lebens, durch das Tragen eines Gewandes sowie durch die Bändigung und Indienstnahme des Feuers eindeutig von seinen Vorläufern abhebt – ob man sie nun Primaten (= Herrentiere), Prähominide (= Frühe Menschenartige) oder Anthropoide (= Menschenähnliche, Affenmenschen) nennt.

Je nachdem, welche Phase der Menschwerdung (Hominisation) uns interessiert; wenden wir uns dem **Australopithecus** zu (wenn wir uns eher für den Übergang vom Tier zum Menschen interessieren), dem **Neandertaler** (wenn uns Funde in unseren Breiten diesen Urmenschentyp, der von 100.000 bis 30.000 v. Chr. existierte, besonders interessant erscheinen lassen) oder dem **Homo erectus** (wenn wir uns schon näher mit der Evolution befasst haben und sicher sein wollen, es bereits mit »richtigen Menschen« zu tun zu haben, und wenn uns eine möglichst breite Perspektive in Richtung Menschheit wichtig ist); vielleicht aber auch erst dem **Homo sapiens** (der in Europa etwa ab 35.000 v. Chr., also zu Beginn des Jungpaläolithikums, z. B. als Crô Magnon-Mensch identifiziert ist, im Übergang zum Mesolithikum um 10.000 v. Chr. weltweit verbreitet ist und bereits die für den modernen Menschen typische kontinentale Vierfachprägung aufweist: Europoide, Mongolide, Negroide, Australoide.

Damit können wir uns nun – im Bewusstsein der besonderen Probleme, die bei Antwortversuchen auf die Frage nach dem Glauben der ältesten Menschen entstehen – den **Inhalten des Glaubens der Urmenschen** zuwenden und zunächst nach **Dokumenten** dieses frühen Glaubens Ausschau halten. Wir haben schon gesehen, dass wir dabei zunächst auf Funde (Fossilien) angewiesen sind. Man unterscheidet gewöhnlich vier verschiedene Arten: Knochendepots, Bestattungen, Statuetten und Felszeichnungen.

Von großer Bedeutung sind in diesem Zusammenhang die von E. Bächler entdeckten Depots von Höhlenbärenknochen in der »Drachenlochhöhle« und im »Wildmannlisloch« in der Schweiz. Bächler fand zahlreiche Schädel ohne Unterkiefer und Langknochen von Höhlenbären, die an der Höhlenwand, in natürlichen Nischen oder auch in einer Art Steinkiste in Reih und Glied aufgestellt waren. Natürlich konnten diese Depots auch durch Zufall entstanden oder durch die Bären selbst angelegt worden sein, wie Kritiker zu bedenken gaben. Doch bleiben einige Fakten auch durch solche Skepsis unerklärbar. Ähnliche Entdeckungen in anderen Alpenhöhlen (z. B. im »Drachenhötli« in der Steiermark oder in der »Salzofenhöhle« in den österreichischen Alpen), in der »Petershöhle« in Franken, in der Dordogne (Frankreich) oder bei Weimar (Deutschland) – die auf vorsätzliche Begräbnisse von Braunbären hinweisen – bestärken die Vermutung, dass diese auffälligen Funde etwas mit Religion zu tun haben könnten.

Der Ethnologe A. Gahs verglich diese Funde mit dem Primitialopfer, das gewisse arktische Völker einem »höchsten Wesen« oder »Herrn der Tiere« darbringen. Die Opfergabe besteht darin, dass Schädel und Langknochen des erlegten Tieres auf Mauervorsprüngen aufglegt und der Gottheit so Hirn und Mark der erlegten Tiere dargebracht werden – womit der Glaube an einen »Herrn der Tiere« belegt wäre.

Es gibt auch gewisse Analogien zum Bärenkult, wie er in der nördlichen Hemisphäre bis ins 19. Jh. n. Chr. praktiziert wurde; dort bedeutet das Aufbewahren von Schädel und Langknochen aber die Hoffnung auf Wiedererweckung des Tieres und damit auf neue Beute ohne deutlichen Zusammenhang mit einer Gottheit.

Auch zum »Bärenfest« der Giljaken auf Sachalin und der Ainu auf Jesso in Japan gibt es Parallelen: Ein in Schlesien entdeckter Braunbärschädel wies z. B. charakteristische Absägungen bzw. Abfeilungen der Schneide- und Eckzähne auf – dasselbe tut man mit dem jungen Bären, bevor er getötet wird (um die Festteilnehmer nicht zu gefährden). Der Bär wird dann gemeinsam erlegt, damit seine Seele als Bote der

Menschen zum Schutzgott geschickt werden kann, um künftiges Jagdglück zu erbitten (W. Koppers).

Kritisch-skeptische Forscher wie A. Leroi-Gourhan oder F. E. Koby lehnen solche Deutungen ab, weil sie durch Aktivitäten anderer Tiere oder durch Erdbeben und andere geologische Bewegungen in die betreffende Lage geraten sein können. Bei manchen Funden könnte das als Ursache genügen, bei anderen ist das aber noch weniger plausibel als die religiöse Deutung. Mircea Eliade verweist darauf, dass der »gleiche Typ von Depots in zahlreichen Grotten und sogar in Nischen im Fels in einer Höhe von mehr als einem Meter über dem Boden doch sehr überrascht und dass Leroi-Dourhan in einigen Fällen doch Eingriffe von Menschenhand als wahrscheinlich anerkennt. Andererseits ist die Deutung, dass es sich dabei generell um ›Opfergaben altpaläolithischer Menschen an Höhere Wesen‹ handelt, selbst von Anhängern von W. Schmidt und W. Koppers aufgegeben.«

Der angesehene Vorgeschichtsforscher J. Maringer bietet folgende Ergebnisse seiner Forschungen an:

1. Im Altpaläolithikum (z. B. in Torralba und Choukoutien) sind Opfer nicht belegt.
2. Im mittleren Paläolithikum (z. B. Drachenloch und Petershöhle) könnte bereits eine religiöse Deutung plausibel sein, sie ist aber nicht evident.
3. Erst im Jungpaläolithikum (Willendorf, Stellmoore) kann man mehr oder weniger sicher von Opfern sprechen.

Man sieht daraus deutlich, wie schwer es ist, Funde, die nicht »sprechen« können und die ein Alter von einigen hunderttausend Jahren haben können, halbwegs plausibel zu deuten, wenn man nur z. B. einen Bärenschädel mit abgeschliffenen Schneide- oder Eckzähnen findet. Ethnische Parallelen haben daher bestenfalls hinweisenden Wert, lassen aber keinesfalls präzise Detailerklärungen zu. Man wird hinsichtlich derartiger Knochenfunde jedenfalls sehr vorsichtig sein müssen und kann allenfalls darin den **Ausdruck einer gewissen magisch-religiösen Intentionalität** erblicken. Wir werden aber im vorletzten Kapitel auf einige solche »Deutungshilfen aus der Religion der ›Naturvölker‹ und der ›Stammeskulturen‹« genauer eingehen.

Da die Entwicklung der Menschheit nicht in allen Bereichen der Erde gleichzeitig und gleichgeschaltet verläuft, gibt es auch heute noch Menschen, die sich kaum über das Niveau des Altsteinzeitmenschen erhoben haben. Die Völkerkunde (Ethnologie) befasst sich eingehend mit diesen Alt- bzw. Urvölkern und rechnet dazu die Pygmäenvölker Zentralafrikas und Südostasiens, bestimmte Altstämme Südostaustraliens und Kaliforniens, die Feuerlandindianer und einige andere, meist in schwer zugänglichen Gebieten lebende kleine Völker (Stämme) in Amerika, Afrika und Ozeanien.

Diese Völker sind der direkten Feldforschung (also auch der Erforschung ihres Glaubens und ihrer Religion) zugänglich und ermöglichen dadurch gewisse Rückschlüsse, was die eine oder andere altsteinzeitliche Darstellung, Grabbeigabe, und die Rekonstruktion der Bedeutung von Fossilien aller Art anlangt.

Manche Ethnologen gehen noch einen Schritt weiter und wollen, von den spezifischen religiösen Verhaltensweisen der jetzigen Jägerkulturen ausgehend, auf die Religion der Altsteinzeitmenschen Rückschlüsse ziehen. Sie argumentieren, dass in allen Jägerkulturen das Töten des Tieres nach einem Ritual erfolgt, also von einem Glauben an einen Wildgeist getragen sein müsse, der dafür sorgt, dass der Jäger nicht mehr Tiere tötet, als zum Lebensunterhalt nötig sind. Knochen und Schädel seien der Sitz der »Seele« oder des »Lebens« der Tiere; aus dem Skelett lasse der »Herr der Tiere« neues Fleisch wachsen, daher deponiert man die Schädel und Langknochen und bringt Teile der erlegten Tiere als Opfer dar.

Einer solchen Argumentation entgegnen manche Wissenschaftler, indem sie fordern, dass man sich eben damit abfinden müsse, über die Glaubensvorstellungen der Altsteinzeitmenschen nichts aussagen zu können.

Diese Position klingt zwar sehr wissenschaftlich, hat aber auch ihre Gefahren, weil man allzu leicht versucht ist, aus einem »Schweigen der Quellen« auf das »Nichtvorhandensein des Gesuchten« zu schließen. Wer sich in diesem Fall nur auf die reinen Fakten beschränken zu müssen glaubt, muss damit rechnen, dass er den Menschen auf den *Homo faber* reduziert, also auf den Bearbeiter von Werkzeug, Besitzer von Feuer und Totenbestatter, und übersieht, dass er immer auch zugleich ein *homo ludens, sapiens und religiosus* ist. Diese Art von Betätigung lässt sich freilich nicht so leicht konservieren, denn **Glaubensvorstellungen und Ideen können nicht versteinern.**

Das älteste Zeugnis von Knochendepots, das zusätzlich auch den menschlichen Gebrauch von Feuer bestätigt, stammt aus den Höhlen von **Choukoutien** (40 km südwestlich von Peking) in China. Dort hatte der schwedische Geologe Johan Gunnar Andersson zu Beginn des 20. Jh. im »Berg der Drachenknochen« zahlreiche Säugetierknochen gefunden, deren älteste um etwa 600.000 v. Chr. datiert wurden. Otto Zdansky konnte dann 1921 und 1923 zwei menschliche Backenzähne identifizieren. Daraufhin wurden die Forschungen in Zusammenarbeit zwischen dem Chinesischen Geologischen Landesamt und der Rockefeller Foundation unter Leitung des kanadischen Geologen und Paläontologen Davidson Black intensiviert, und der Schwede Birgir Bohlin fand 1927 einen weiteren menschlichen Backenzahn, der viel älter war als die von Zdansky gefundenen. Er sprach daraufhin von einem bisher unbekannten Menschentyp und nannte ihn ***Sinanthropus pekinensis***; in beiden Fällen handelte es sich um Überreste eines Homo erectus. Man hatte schließlich bis 1937 rund 20.000 Kubikmeter Gestein und Erde abgebaut und die Ablagerungen in der Höhle bis in 50 m Tiefe freigelegt. Neben großen Mengen von Tier-Fossilien (teilweise auch in Form von Knochendepots, die auf einen religiösen Hintergrund deuten könnten) fand man fünf menschliche Schädel, neun Schädelfragmente, sechs Gesichtsfragmente, 14 Unterkiefer und 152 Zähne – daneben mehr als 100.000 Steinwerkzeuge und zahlreiche Werkzeuge aus Tierknochen und Geweihen in insgesamt zehn übereinander liegenden Besiedelungsschichten mit Feuerstellen. Man fand auch eine Feuerstelle, auf der Asche und Holzkohle mehr als 6 m hoch waren – ein Hinweis darauf, dass man das Feuer nicht ausgehen ließ, weil man das Feuermachen noch nicht beherrschte.

Der schon genannte Paläontologe und christliche Theologe Pierre Teilhard de Chardin kam im Jahr 1923 erstmals nach Peking und schrieb in mehreren wissenschaftlichen Zeitschriften über die Wirbeltierfunde von Choukoutien, wobei er Wesentliches zur Erklärung der Gesteins- und Sedimentsschichten bzw. zur Lagerung und Erhaltung der Knochen beitrug.

Interessante Schlüsse aus den Funden von Choukoutien zog der aus Rumänien stammende Religionswissenschaftler Mircea Eliade:

Die Bändigung des Feuers, also die Möglichkeit, es zu entfachen, zu hegen und zu transportieren, markiert gewissermaßen die endgültige Trennung des Altsteinzeitmenschen von seinen tierischen Vorgängern. Das älteste Zeugnis, das den Gebrauch des Feuers bestätigt, stammt aus Choukoutien (etwa 600.000); möglicherweise fand aber die »Bändigung« des Feuers schon viel früher und an mehreren Orten statt. Der prähistorische Mensch verhielt sich bereits als ein mit Intelligenz und Phantasie begabtes Wesen. Hinsichtlich der Aktivität des Unbewussten – Träume, Phantasien, Visionen, Fabelbildungen usw. – nimmt man an, dass sie sich nur in Intensität und Umfang von jener unserer Zeitgenossen unterschied. Allerdings sind die Begriffe Intensität und Umfang in ihrem stärksten und dramatischsten Sinn zu nehmen. Denn der Mensch ist das Endprodukt einer Entscheidung, die am Anfang der Zeiten getroffen wurde: die Entscheidung zu töten, um leben zu können. In der Tat konnten die Hominiden gerade dadurch, dass sie zu Fleischessern wurden, über ihre Ahnen hinausgelangen.

Etwa zwei Millionen Jahre lang lebte der Altsteinzeitmensch von der Jagd; die von den Frauen und Kindern gesammelten Früchte, Wurzeln, Weichtiere usw. reichten nicht aus, um das Überleben der Art zu sichern. Die Jagd führte zur Arbeitsteilung zwischen den Geschlechtern und verstärkte so die Hominisation; denn bei den Raubtieren, wie überhaupt in der Tierwelt, gibt es diese Unterscheidung nicht. Das Feuer ermöglichte die Verwendung fast aller Teile der erlegten Tiere als bekömmliche Nahrung.

Das fortwährende Verfolgen und Töten des Wildes aber führte schließlich zur Herausbildung eines Bezugssystems eigener Art zwischen Jäger und getötetem Tier. Die mystische Solidarität zwischen Jäger und Opfer wird schon im Akt des Tötens selbst offenkundig: das vergossene Blut gleicht in jeder Hinsicht dem Blut des Menschen. ***Diese mystische Solidarität mit dem Wild enthüllt letztlich die***

Verwandtschaft der menschlichen Gesellschaft mit der Tierwelt. Die Tötung des gejagten Tieres oder später des Haustieres kommt einem Opfer gleich, in dem der Gegenstand des Opfers austauschbar ist (bis zum Menschenopfer!). Diese Vorstellungen haben sich wohl erst in den letzten Phasen der Hominisation herausgebildet. Sie sind – modifiziert, umgedeutet und überlagert – noch Jahrtausende nach dem Verschwinden der Altsteinzeitkulturen wirksam.

Wir werden bei den Felsbildern der »franko-kantabrischen Wandkunst« auf diese »mystische Solidarität« zwischen Jäger und Jagdopfer zurückkommen.

Die Knochendepots, die zu den wesentlich älteren Funden gehören – aber auch menschliche Begräbnisstätten mit all den darin gefundenen Stein-, Knochen- und Geweihwerkzeugen, den Farbpigmenten und anderen Grabfunden –, sind dagegen eher »undurchsichtig« (Mircea Eliade), d. h. sie verraten verhältnismäßig wenig über evtl. religiöse Gedanken, Riten oder Intentionen, »auch wenn man heute übereinstimmend zur Auffassung gelangt ist, dass der Altsteinzeitmensch eine ›Religion‹ besaß, so ist es doch schwierig, wenn nicht überhaupt unmöglich, deren Inhalt genau zu bestimmen.«

Vielleicht wird man weitere Funde machen, die mehr Durchsichtigkeit ermöglichen. Bis dahin ist man auf Vermutungen angewiesen, auf Hypothesen und Theorien, die sich auf die wenigen Funde stützen, die zur Verfügung stehen.

Die folgende Arbeitshypothese von F. Birkner sei als eine der vielen angebotenen zitiert, weil sie in wenigen Sätzen die Probleme erkennen lässt, die sich ergeben, wenn man versucht, die »stummen Funde« in einer Art Puzzle-Spiel zu einem zusammenhängenden Bild zusammenzustellen. Ebenso schwierig, wenn nicht noch schwieriger, ist es, wenn man nach der Religion dieser Urmenschen fragt, da sich ja der Glaube weitgehend mit geistigen Inhalten befasst, die keine Fossilienfunde ermöglichen.

Der nicht neandertaloide und nicht pithekoide Urmensch, der wohl in Hochasien lebte, wanderte nach Ostasien und Java aus. Hier entwickelte er sich einerseits zum kleinhirnigen ostasiatischen neandertaloiden Frühmenschen (Homo trinilensis, Homo pekinensis), andererseits zum großhirnigen neandertaloiden Homo soloensis. Von beiden Gruppen sind keine Übergänge zum heutigen Ostasiaten bekannt; sie sind ausgestorbene Seitenzweige. Der Urmensch kam als Vor-Neandertaler mit Recens-Merkmalen und als Träger altpaläolithischer Kulturen über Indien, Vorderasien und Europa (Piltdown, Swanscombe?, Denise), wurde zum Vor-Neandertaler mit Neandertaler- und Recens-Merkmalen (Steinheim, Ehringsdorf, Prapina, Saccopastore, Gibraltar, Palästinamensch), der sich zum typischen Neandertaler entwickelte.

Dass sich der Neandertaler in Europa zum Homo recens entwickelt habe, dafür fehlt jeder Anhaltspunkt; er ist ein ausgestorbener Seitenzweig. Der Urmensch kam auch nach Ostafrika (Kanam und Kanjera), nahm Neandertalermerkmale an, wurde ein Vorneandertaler mit Neandertaler- und Recens-Merkmalen (Homo njarasaensis) und entwickelte sich zu einem Neandertaler (Homo rhodesiensis).

Am Ende des Diluviums, während der europäischen Würm-Eiszeit, erfolgte eine neue Auswanderungswelle des Urmenschen aus seinem Ursprungsgebiet Hochasien. Er gelangte von Osten her nach Europa und über Indien, Vorderasien nach Afrika. Von diesen Jungpaläolithikern (Homo recens diluvialis) lassen sich in Europa die jetzigen Rassen des Homo recens alluvialis ablesen, während in Afrika die heutigen Rassen sich nicht auf den afrikanischen Homo recens diluvialis zurückführen lassen. Der Urmensch hat weder pithekoide noch Neandertaler-Merkmale, er war seinem Leibe nach ein »Mensch« mit Homo-recens-Merkmalen, dem Gott die Geistseele einhauchte, er war schon Homo sapiens, Vernunftmensch.

Bestattungen als Glaubens-Dokumente

Seit dem Moustérien (75.000–35.000 v. Chr.) kann mit Sicherheit von menschlichen Bestattungen gesprochen werden. Welchen Grund hatte man aber dafür, einen bestimmten Ritus einzuhalten, wenn man Gestorbene begrub? Warum ließ man Tote nicht einfach liegen oder legte sie in eine dafür ausgehobene Grube, sondern bestäubte sie z. B. mit rotem Ocker (eine weit verbreitete, seit Jahrhunderttausenden geübte Geste, die als ritueller Blutersatz gedeutet wird, also den Glauben an ein Fortleben nach dem Tod dokumentieren könnte) und fesselte sie mit angezogenen Beinen, so dass sie eine Haltung wie ein Fötus einnahmen? Warum legte man Geräte und Speisen zu den Leichen?

Dahinter stehen doch unzweifelhaft gewisse Überlegungen, Ideen oder Erwartungen – aber welche? Kann man daraus bereits auf den Glauben an ein Fortleben nach dem Tod schließen? Wenn ja, in welcher Form? Rein geistig – also auf das Weiterleben als Seele oder Geistseele – oder in Richtung einer körperlichen Wiedergeburt in einer unsichtbaren jenseitigen Welt (Unterwelt), die aber nicht transzendent, sondern als ein fernes Land vorgestellt wurde (sonst wären Geräte und Speisen wohl fehl am Platz)?

Präzise Antworten auf diese und auf viele andere Fragen sind schwer zu geben, die Funde bleiben mehrdeutig und die Antworten sind nicht mehr als Mutmaßungen: Die Fesselung könnte auch auf einen Schutz der Hinterbliebenen vor den Totengeistern hinweisen oder auch funktional zu verstehen sein (um dem Leichnam die Gestalt eines Fötus zu geben und ihm so die Wiedergeburt zu erleichtern). Die da und dort erkennbare Ausrichtung der Toten nach Osten oder Westen ist vielleicht der Hinweis auf einen Wunsch, das Geschick der Seele mit dem Lauf der Sonne zu verbinden – also auf ein Weiterleben in einer »Astralwelt« zu hoffen.

Wenn man nähere Einzelheiten wissen oder Sicherheiten haben will, ist man wiederum auf ethnologische Vergleiche angewiesen. Die Funde allein geben zu wenig her, um eindeutige Interpretationen zuzulassen.

Wir werden im vorletzten Kapitel noch ausführlich auf Beispiele des Glaubens von Naturvölkern oder der Stammesreligionen eingehen, weil man trotz aller Bedenken, die man gegen solche Vergleiche vorgebracht hat, eben doch nicht darauf verzichten kann und darf, wenn man die Frage nach dem Glauben der Urmenschen beantworten will. Es führten ja schließlich besondere Umstände dazu, dass diese archaischen Kulturen praktisch in einem der Steinzeit vergleichbaren Stadium fixiert blieben. Wie in der Biologie kann auch in der Paläontologie und in der Religionswissenschaft viel von solchen »lebenden Fossilien« abgelesen werden.

Mircea Eliade hat im Zusammenhang mit den Bestattungsbräuchen der Altsteinzeitmenschen auf die von C. Reichel-Dolmatoff erforschten **Kogi-Indianer** in der Sierra Nevada de Santa Marta in Kolumbien hingewiesen und interessante Parallelen und Analogien hervorgehoben. Im folgenden Text geht es um die Bestattung eines Mädchens, welche ein jenseitskundiger Schamane leitet:

Nach der Wahl des Bestattungsortes vollzieht der Schamane (máma) eine Reihe ritueller Handlungen und erklärt: »Dies ist das Dorf des Todes; dies ist das Feierhaus des Todes; dies ist der Uterus. Ich öffne das Haus. Das Haus ist geschlossen, und ich werde es öffnen.« Sodann verkündet er: »Das Haus ist geöffnet.« Dann zieht er sich zurück. Die Tote wird in ein weißes Tuch gewickelt, und der Vater näht das Totentuch zusammen. Während dies alles geschieht, singen die Mutter und die Großmutter der Toten ein getragenes Lied, fast ohne Worte. Auf den Grund des Grabes werden grüne Steinchen, Muscheln und die Schale eines Bauchfüßlers gelegt. Nun bemüht sich der Schamane vergeblich, den Leichnam aufzuheben, indem er so tut, als sei er ihm zu schwer; erst beim neunten Mal gelingt es ihm. Der Leichnam wird mit dem Kopf nach Osten in das Grab gelegt, und »das Haus wird geschlossen«, d. h. die Grube wird mit Erde gefüllt. Es folgen weitere rituelle Bewegungen um das Grab herum, und schließlich ziehen sich alle zurück.

Die Zeremonie hat zwei Stunden gedauert … Ein zukünftiger Archäologe wird lediglich ein mit dem Kopf nach Osten gerichtetes Skelett und einige Steine und Muscheln finden. Übrigens würde auch einem der Kogi-Religion unkundigen Zeitgenossen die Symbolik der Zeremonien unzugänglich bleiben. Denn es handelt sich hier um die Verbalisierung des Friedhofs als ein »Dorf des Todes«, der ausgehobenen Grube als »Uterus«, der Opfergaben als »Nahrung für den Tod« usw. Andererseits identifizieren die Kogi die Welt – vorgestellt als Uterus der All-Mutter – mit jedem Dorf, jedem Kulthaus, jeder Wohnstätte und jedem Grab.

Wenn der Schamane den Leichnam neunmal aufhebt, so deutet er damit die Rückkehr des Toten in den Fötus-

zustand an, indem er die neun Monate der Schwangerschaft in umgekehrter Reihenfolge durchläuft. Da das Grab mit der Welt gleichgesetzt wird, gewinnen die Grabbeigaben kosmische Bedeutung. Außerdem haben sie als »Nahrung für den Tod« auch sexuelle Bedeutung (in den Mythen, Träumen und Hochzeitsvorschriften symbolisiert der Akt des Essens bei den Kogi den Geschlechtsakt) und sind folglich der Samen, der die Mutter befruchtet.

Die Muscheln sind Träger eines sehr vielschichtigen Symbolismus, der nicht nur sexuell ist; sie stellen die lebenden Familienmitglieder dar, während die Schale des Bauchfüßlers den »Gatten« der Toten symbolisiert; wenn sich keine solche Schale im Grab befindet, wird das Mädchen bei seiner Ankunft in der anderen Welt »einen Mann fordern«, was den Tod eines Jünglings aus dem Stamm bewirken würde.

Dieses Beispiel zeigt deutlich, wie schwer es Archäologen und Paläontologen haben, Details zu rekonstruieren, und wie sehr wir bei unserer Suche nach dem Glauben der Urmenschen auf die Hilfe der Ethnologie und der von ihr angebotenen Schilderungen der Lebens- und damit auch der Glaubensäußerungen der Naturvölker oder Stammesreligionen angewiesen sind.

Statuetten als Glaubens-Dokumente

Zu den ältesten Zeugnissen menschlicher Kunst zählen jene kleinen – zwischen 5 und 25 cm hohen – menschlichen Statuetten aus Stein, Knochen oder Elfenbein, die aus der letzten Eiszeit – aus der jungpaläolithischen Periode des Gravettien (25.000–20.000 v. Chr.) – stammen und in ganz Europa, von Westfrankreich bis Ostsibirien und von Norditalien bis zum Rhein, gefunden wurden. Offensichtlich sollen sie Frauen darstellen. Besonders aufschlussreich sind Funde im ukrainischen Gagarino und Mezine; dort wurden diese Statuetten nämlich in Wohnschichten gefunden; Mircea Eliade schließt daraus, dass sie deshalb wohl in einem Zusammenhang mit Hausriten zu sehen sind.

Menschendarstellungen sind in der Altsteinzeit sehr selten, doch obwohl einige dieser Statuen gerne »Venus« (von

Willendorf, von Vestonice, von Lespuges, von Laussel usw.) genannt werden, sind sie alles andere als eine Verherrlichung weiblicher Schönheit. Da es aber den »Künstlern« offensichtlich nicht an Formgefühl und Können fehlte, verweist die Überbetonung von Becken und Gesäß, der Brüste und Schamteile auf eine ganz bestimmte Absicht und eine hinter der Darstellung verborgene Sinngebung: Die Figuren sollen nicht schöne Frauen abbilden, sondern auf die weibliche Fruchtbarkeit aufmerksam machen, von der das menschliche Leben entscheidend abhängt. Nimmt man auch hier die Bedeutung vergleichbarer Figuren aus geschichtlicher Zeit oder von Naturvölkern zu Hilfe, so sind solche Idole – z. B. die hölzernen »Dzuli« nordasiatischer Jägervölker – dort Abbildungen der mystische Ahnmutter, aus der der ganze Stamm hervorgegangen ist; sie schützen Wohnungen und Familien und garantieren das Überleben des Stammes durch ihre Sorge für die Generationenfolge.

Sie sind also Fruchtbarkeitssymbole, und es handelt sich bei den Statuetten um tragbare Heiligtümer, die man mit sich führen kann, um überall am Schutz der »Mutter« zu partizipieren.

Eine genaue Bestimmung der religiösen Funktion dieser Figürchen ist aber nicht möglich. Ein Zusammenhang mit der »Großen Mutter« jungsteinzeitlicher Religionen in der vor- oder frühgeschichtlichen Epoche der großen Weltreligionen ist zwar nicht nachzuweisen, aber nahe liegend. Das Weibliche hatte offensichtlich für die Menschen, die diese Statuetten gestalteten und benutzten, einen sakralen Status und stellte eine magisch-religiöse Macht, ein Geheimnis dar, das man sich ständig vor Augen halten will oder soll. Vielleicht handelt es sich dabei aber sogar um die ersten wirklichen Darstellungen einer Gottheit; was natürlich nicht bedeutet, dass diese weibliche Gottheit die höchste war – sie war aber eine, die man stets im Wohnbereich präsent wusste und wissen sollte.

Der schon als kritischer Wissenschaftler zitierte A. Leroi-Gourhan hat diese weiblichen Statuetten – die zum Teil mit geometrischen Figuren verziert sind; z. B. mit deutlichen Hakenkreuzen (»Swastika«) – zusammen mit der altsteinzeitlichen Kunst der Felszeichnungen und Felsmalereien einer genauen Analyse unterzogen und dabei deutliche Zusammenhänge festgestellt, die darauf hinweisen, dass damals eine weit verbreitete einheitliche Symbolsprache bestand, die z. B. mit der Polarität weiblich – männlich zu tun hatte, wobei gewisse geometrische Symbole z. B. dem oft in den franko-kantabrischen Höhlen abgebildeten Bison einen weiblichen und dem Pferd einen männlichen »Wert« verliehen.

Bei vogelähnlichen Statuetten handelt es sich vielleicht um phallische, also männliche Symbole, die den Ahnherrn des Stammes symbolisierten. Im sibirischen Dorf Mal'ta hat M. M. Gerasimov eine totale Polarisierung in männliche und weibliche Häuser des Dorfes festgestellt, die rechtwinkelig gestaltet waren und zueinander in Beziehung gesetzt wurden. Frauenstatuetten wurden z. B. nur in Frauenhäusern gefunden.

Auch hier stößt man aber schnell an die Grenzen der Deutbarkeit und sollte die Funde nicht in zeitlich jüngere Schemata pressen – auch wenn scheinbare Übereinstimmungen festzustellen sind. Bei allen Versuchen, die stummen Funde zu deuten, muss immer der hypothetische Charakter solcher Deutungen bewusst bleiben!

Felsbilder als Glaubens-Dokumente

Die Erforschung einiger im Paläolithikum bewohnter oder von Menschen benützter Höhlen erbrachte zahlreiche Dokumente, die gut geeignet sind, Vorstellungen und Lebensäußerungen der Altsteinzeitmenschen sichtbar zu machen. Seit man 1868 die Höhle von Altamira entdeckt hat, haben sich Schritt um Schritt mehr als 200 Höhlen in Frankreich und Spanien als von Menschen verwendet und ausgestaltet erwiesen.

Mit wenigen Ausnahmen (Ural, Nordafrika, Südamerika) sind diese Felsbilder (Gravuren und Malereien auf Höhlenwänden) auf Spanien, Frankreich und Süditalien beschränkt. Deshalb setzte sich die Wortprägung »franko-kantabrische Wandkunst« zur Bezeichnung dieser bedeutendsten und zahlreichsten Bilddokumente der Altsteinzeit durch, die über einen Zeitraum von zwanzig Jahrtausenden (30.000 bis 9.000 v. Chr.) eine bemerkenswerte Einheitlichkeit des künstlerischen Gehalts aufweisen. Sie verteilen sich hauptsächlich auf die drei Kulturperioden Aurignacien (30.000–20.000), Solutréen (20.000–15.000) und Magdalénien (15.000–10.000).

Wir wissen nichts von der Entwicklung, die zu den künstlerischen Leistungen in Altamira oder Trois-Frères geführt hat, können nur ahnen, dass sich in ihnen der gnadenlose Existenzkampf der Eiszeitmenschen spiegelt und dass diese Kunst primär nicht ästhetischen Zwecken diente, sondern dass es sich um »angewandte Kunst« handelt (Gina Pischel), die etwas mit dem Wissen um jene Kräfte zu tun hat, die heute noch in Kult und Magie freigesetzt werden und damals bereits in den Dienst der Lebenserhaltung im tiefsten Sinn des Wortes gestellt wurden.

Die meisten Malereien finden sich relativ weit von den jeweiligen Höhleneingängen entfernt bzw. sogar in unbewohnbaren Höhlen oder an schwer zugänglichen Stellen. Dies weist darauf hin, dass es sich auch bei den sehr fein ausgeführten Malereien nicht um ein Schmücken des Wohnbereichs gehandelt hat, sondern dass andere Zwecke hinter diesen erstaunlichen Produkten früher menschlicher Kreativ- und Gestaltungskraft zu suchen sind.

Wenn man z. B. in der Höhle von Niaux oder Trois Frères Hunderte Meter tief in den Berg eindringen muss, um zu den bemalten Wänden zu gelangen, oder wenn man in der Höhle von Lascaux nur durch einen 6,30 m tiefen Erdschacht per Strickleiter zu einem der größten Meisterwerke der Altsteinzeit, dem sogenannten Jagdunfall, vordringen kann oder die Grotte von Cabrerets ein wahres Labyrinth bildet, dessen Besichtigung mehrere Stunden in Anspruch nimmt, wird der **numinose (= geheimnisvolle, heilige) Charakter** dieser Wandkunst deutlich, d. h. es wird ein **religiöser Zusammenhang** evident – ohne dass sich freilich die »Glaubens-Inhalte« der Abbildungen sofort erschließen. Es bleibt vielfach sogar offen, was jeweils abgebildet ist, und vor allem, welche Rückschlüsse man daraus auf Glaubenserfahrungen, -praktiken und -vorstellungen dieser Altsteinzeitmenschen ziehen kann. Ein paar Beispiele:

Szenen mit von Pfeilen getroffenen Bären, Löwen und anderen Tieren hat man als **Jagdmagie** gedeutet: Die im Bild dargestellte und vielleicht vor der Jagd vollzogene »rituelle Tötung« sollte vielleicht bei der nächsten Jagd »Wirklichkeit werden«.

Die insgesamt mehr als 50 Darstellungen in Felle gekleideter Menschen, in tänzerischer Pose, häufig mit einem Musikinstrument (Flöte?) in der Hand, die J. Maringer gezählt hat, weisen auf ein **rituelles Verhalten der Jäger** hin (Parallelen finden sich in allen Jägerkulturen bis zur Gegenwart).

Der »Große Zauberer« in der Höhle Trois Frères – eine 75 cm hohe in die Höhlenwand geritzte Gravur – könnte als eine Gottheit (**Herr der Tiere**) oder als **Zauberer** (ein Schamane, der ihn darstellt und mit ihm in geistiger Verbindung steht) gedeutet werden. Seine Hände enden in Bärentatzen, er trägt einen Pferdeschweif, hat ein Eulengesicht, Wolfsohren, einen Gemsenbart und trägt ein Hirschgeweih; nur sein Geschlechtsorgan, die Beine und die tänzerische Pose weisen ihn als menschliche Figur aus.

Der **Jagdunfall** in einer schwer zugänglichen Galerie unter der Höhle von Lascaux zeigt einen verwundeten Bison, der seine Hörner auf einen vor ihm liegenden (toten?) Menschen richtet. Dessen mit Widerhaken versehener Speer lehnt am Leib des Tieres. Neben dem Mann (dessen Kopf einen Schnabel zeigt) sitzt auf einer Stange ein Vogel. H. Kirchner nennt die Szene eine »schamanische Séance«: Der Mensch liegt vor dem geopferten Tier in Trance, d. h. seine Seele befindet sich, während sein Schutzgeist (= der Vogel) den Körper bewacht, im Jenseits, um dort bei der entsprechenden Gottheit um Jagdglück zu bitten.

Die sogenannten **Röntgenstrahlen**-Zeichnungen aus Frankreich (Magdalénien 13.000–6.000) und Norwegen (6.000–2.000), die das Skelett und die inneren Organe der dargestellten Tiere zeigen (vgl. Parallelen bei den Eskimos, in Ostsibirien, bei Pueblo-Indianern in Neumexiko, aber auch in Indien, Malaysia, Neuguinea und Australien), verweisen auf »Mystik« bzw. auf die bei Jägervölkern weit verbreitete Meditations- und Visionstechnik: Dem Schamanen ist es möglich, durch Versenkung bis zum animalischen Urgrund seines Körpers vorzudringen und ihn zu visualisieren.

Viele Indizien weisen darauf hin, dass die geistig-religiöse Welt des Altsteinzeitmenschen von mystischen Beziehungen zwischen Mensch und Tier bestimmt war. Parallelen zu den verschiedensten Jäger- und Hirtenvölkern späterer Zeit sind zahlreich vorhanden und erforscht, so dass Deutungen in Richtung »Jagd-Ritual« vor dem Beginn der Jagd oder Jünglings-Initiation (in entlegeneren Höhlenteilen) vor der feierlichen Aufnahme in die Schar der Jäger plausible Deutungen darstellen.

Ob daraus freilich schon auf einen frühen Hochgottglauben oder Urmonotheismus geschlossen werden darf, wie es Wilhelm Schmidt SVD (»Vom Ursprung der Gottesidee« 1926ff) und seine Schule (z. B. W. Koppers) tun, wurde von der Wissenschaft in Frage gestellt und kann aus methodischen Gründen wohl nicht aufrecht erhalten werden.

Altsteinzeitliche Religiosität

Auf der Basis der aus der Altsteinzeit im Zeitraum zwischen etwa 600.000 bis 9.000 v. Chr. erhalten gebliebenen vier Gruppen von »Glaubens-Dokumenten«, über die wir uns eben einen Überblick verschafft haben, können wir nun daran gehen, eine erste Antwort auf die Frage nach der Gestalt des Glaubens der Altsteinzeitmenschen zu versuchen.

1. Die »Knochendepots« und die »Felsbilder« lassen zunächst einmal einen religiösen **Animalismus« (= Tierkult)** als ein besonders typisches und weit verbreitetes Element der altsteinzeitlichen Religiosität erkennen. Etwa 80 Prozent der Felsbilddarstellungen zeigen Tiere; in den älteren dominieren Pferde und Wisente; in den jüngeren Hirsche und Rentiere.

In den für die Existenz des Menschen unter den unwirtlichen Bedingungen der vier gewaltigen Eiszeiten, welche im oben genannten Zeitraum vor allem den nördlichen Teil unserer Erde bestimmten, lebensnotwendigen Tieren sah der Mensch eine Erscheinungsform des **Numinosen** (= Geheimnisvollen, Heiligen, Göttlichen), das auf der Ebene der damaligen Jägerkultur entscheidend sein Überleben sichern half: einerseits als *Fleischnahrung*, welche die pflanzliche Nahrung (Beeren, Früchte, Wurzeln) ergänzte, andrerseits als *Kleidung* (Pelz, Haut), um sich vor der lebensgefährdenden Kälte zu schützen, aber auch als *Material* (Knochen, Hörner, Geweih, Sehnen usw.), aus denen die Menschen Werkzeuge und verschiedene Gegenstände für den Lebensalltag herstellen konnten.

Die Menschen hatten im Laufe ihrer Entwicklung (angefangen bereits im Übergangsfeld vom Tier zum Menschen)

Werkzeuge, Waffen und auch Jagdtechniken entwickelt, die ihnen eine gewisse Überlegenheit selbst über ihnen an Kraft weit überlegene Tiere gab – wenn sie sich zu Jagdgemeinschaften zusammentaten; wenn sie die Gewohnheiten und Eigenarten der Tiere genau beobachteten, deren Verletzlichkeit auskundschafteten und für ihre Zwecke benutzten; und wenn sie die in den Tieren wirksame physische Lebenskraft als Hilfe für das eigene Überleben erfassten, die tierische Überlegenheit bewusst anerkannten und sie durch demütiges Bitten und vielleicht eine Art Vertrag dazu bringen konnten, sich dem Menschen zu dessen Lebenserhaltung »hinzugeben«.

Diese dritte Erkenntnis ist wohl die Wurzel des **Animalismus**, mit dem man Formen der kultischen Verehrung und rituellen Begegnung zusammenfasst, die im Wissen um »gemeinsame Ursprünge«, »Verwandtschaft« und »Partnerschaft« aller Lebewesen im selben Lebensraum um ein »Miteinander« bemüht waren.

Es könnte sein, dass diese **mystischer Verbundenheit zwischen Jäger und Jagdtier** auf die wir bei der Besprechung einzelner Bilder der Wandkunst und der dahinter zu vermutenden Ideologie schon gestoßen sind, als eine Art **Glaubenserfahrung** zu verstehen ist, dass der Lebenswelt, in der sich der Mensch damals vorfand, eine gewisse vorgegebene Ordnung inne wohnte, in der das Tierreich, das Pflanzenreich und das Steinreich dem Menschen gegenüber eine »dienende Rolle« zu spielen hatten, die ihnen vom »Schöpfer dieser Ordnung« zugeteilt worden war. Der Mensch sah darin vielleicht auch schon eine gewisse hierarchische Ordnung (»der Mensch als Krone der Schöpfung«), so dass er **solche *Dienste* annehmen durfte**, sich dabei allerdings als verantwortungsbewusst und dankbar zu zeigen hatte, indem er seine Macht als Jäger nicht ausnützte, seine Verwandtschaft mit den Tieren anerkannte und schätzte, dem gemeinsamen Schöpfer und Gestalter dieser Lebensordnung Dank und Verehrung zollte, mit ihm in Kontakt stand und ihm symbolische Opfer darbrachte, um das in der gesamten Ordnung erkennbare Gesetz des Gebens und Nehmens auf recht zu erhalten (wovon sowohl die Knochendepots wie die Höhlenbilder zeugen).

2. Hinter diesem **Animalismus** – den der Vorgeschichtsforscher K. J. Narr »eine religiöse, mystische und magische Bindung an die Tiere, vor allem an das Jagdwild oder sonst repräsentative Vertreter des Tierreichs« definiert, »die menschenähnlich gedacht, als beseelt, ausgestattet mit religiösen und magischen Kräften und auch als ›Schutzgeister‹ und ›Alter Ego‹ gesehen werden« – stand vielleicht ein umfassender **Animismus**, der sich teilweise auch schon als **Totemismus** entfaltet hatte.

Narr leitet aus solchen animalistischen Vorstellungen »Tierversöhnungsriten« bzw. »Tiervermehrungsriten« ab, in deren Mittelpunkt vor allem Langknochen und Schädelskelette erlegter Tiere standen. Vergleiche dazu oben unter »Knochendepots als Glaubens-Dokumente« des Altsteinzeitmenschen; wobei dies für die Frühzeit natürlich nur hypothetisch gelten kann, allerdings durch gut belegte Bräuche der noch weit in die historische Zeit hereinreichenden Jäger- und Sammler-Kulturen gestützt wird und eine gewisse Wahrscheinlichkeit beanspruchen darf. Jedenfalls besteht nach Narr »kein zwingender Grund, dem Frühmenschen angesichts seiner sonstigen Befähigungen grundlegende Vorstellungen jener Art abzusprechen, wie sie bei einfachen Jäger- und Sammlerkulturen weithin anzutreffen sind«.

Totemismus kommt vom (indianischen) Begriff *Totem* und bezeichnet eine verwandtschaftliche Beziehung von Einzelpersonen oder sozialen Gruppen zu Tieren oder Pflanzen (seltener auch zu Himmelskörpern oder Naturphänomenen). Es handelt sich dabei um eine religiöse Macht, von der sich der Mensch abhängig weiß. Quellen des Totemismus sind Vorstellungen von der Verwandtschaft zwischen Tier und Mensch oder vom Tier als Kraftträger – beides ist im Zusammenhang mit der anthropozentrischen Einstellung der Naturvölker zu der sie umgebenden Natur zu sehen. Vgl. dazu auch oben »Statuetten als Glaubens-Dokumente«.

Animismus wurde vom britischen Gelehrten E. B. Tylor als Bezeichnung der steinzeitlichen Religion bzw. für die Grundform von Religion überhaupt geprägt. Er versteht darunter »den Glauben an Geistwesen (›spiritual beings‹), der sich von Seelen Verstorbener über andere Geister zum Polytheismus und schließlich zum Monotheismus hin entwickelt haben soll.« (H.-J. Greschat) Der Animismus wurde in einem weiteren Sinn dann auch als **Allbeseelung** verstanden: Hinter jedem Naturphänomen stehe ein Seelen- oder Geistwesen als persönlicher Verursacher und Betreuer. Diese dem Glauben an einen geistigen Schöpfergott konforme Vorstellung wird heute – wohl durch den positivistischen Denkansatz, der in die Religionswissenschaft und selbst in die christliche Theologie Eingang gefunden hat – eher kritisiert.

Als **Prä-Animismus** wird die früher weit verbreitete Theorie bezeichnet, dass sich die Religion insgesamt aus der steinzeitlichen »Jagd-Magie« entwickelt haben soll (J. G. Frazer), die auf eine Periode völligen Fehlens geistiger Regungen gefolgt sei. Unter dem sehr schillernden und heute von vielen Gelehrten abgelehnten Begriff **Magie** umfasst der Begriff Prä-Animismus – religiös und ethnologisch gesehen – jene rituellen Handlungen und Verhaltensweisen, mit denen Menschen versuchen, durch Verwendung von Gegenständen, denen sie eine automatische oder mechanistische Wirkungsweise zuschreiben, auf Dinge und Ereignisse einzuwirken, die jenseits ihres normalen Einflussbereiches liegen.

Der auf einigen Wandbildern dargestellte »Zauberer« (Schamane) ist jedenfalls ein Indiz für den Glauben an eine vom Körper unabhängige Seele. Diese kann unter bestimmten Umständen (z. B. im Trancezustand) den Körper verlassen und sich – die Grenzen von Raum und Zeit vorübergehend überschreitend – in einer ihr entsprechenden psycho-noetischen Dimension bewegen und dort »Geistwesen« oder »Gottheiten« begegnen und von ihnen Hilfe oder Segnung erbitten.

Die **schamanische Ekstase** impliziert freilich auch die Möglichkeit der »Besetzung«, d. h. in den Leib eines anderen Menschen einzutreten oder selbst von einer anderen Seele, einem Tiergeist oder einer Gottheit »besessen« zu sein. Die Kultivierung solcher Ekstasetechniken bedeutet einen Machtzuwachs in der Sozietät, bedeutet die zusätzliche Aufgabe, solche »Kraftgeheimnisse« zu bewahren und andere Menschen – z. B. den Nachwuchs – in die bewusste Anwendung der Magie einzuweihen.

Ein Übergang von der Magie zu **religiösen Akten** geschieht dann, wenn man sich zum selben Zweck an personale übermenschliche Wesen und Kräfte wendet und sie um die entsprechende »Wirkung« bittet. Anzeichen dafür finden sich in den Glaubensdokumenten des Altsteinzeitmenschen noch nicht.

3. Was für das »Tier«-Thema der altsteinzeitlichen Funde angemerkt wurde, kann analog auch auf das zweite große Thema der altsteinzeitlichen Dokumente angewendet werden, nämlich auf die als »numinos« erfahrene Bedeutung von **Leben und Sterben,** wie dies einerseits bei den Bestattungen, andererseits bei den Fruchtbarkeits-Statuetten und da und dort auch bei den Felsbildern deutlich wird.

Den Bestattungen liegt das Wissen um das Geheimnis des Sterbens, d. h. die numinose Erfahrung einer an sich für den Menschen unverfügbaren Macht über Leben und Tod zugrunde. Im Töten der Tiere (Feinde) und im Gebären von Kindern erlebten die Menschen aber immer schon einen gewissen Widerspruch zu dieser Transzendenz-Erfahrung, der zumindest eine Mitwirkung des Menschen zulässt. Daraus lassen sich für das Bewusstsein des Altsteinzeitmenschen bereits Hoffnungen auf ein Überleben des eigenen Sterbens ableiten. Vergleiche dazu die sehr verbreiteten Funde von rötlichem Ocker in Bestattungen als Blut-Symbol, also als Hinweis auf die geheimnisvolle Lebenskraft, die über den Tod hinaus weiterwirkt und ein Leben in anderer Form oder Wiederkehr zu neuem Leben erwarten lässt.

Die große Verbreitung von Fruchtbarkeits-Idolen belegt den Glauben an die Möglichkeit der Mitwirkung bei der Schaffung neuen Lebens, die von der höheren Macht (über Leben und Tod) als kreative Gabe in den Menschen hineingelegt worden ist. Die Überbetonung der weiblichen Fruchtbarkeitsorgane z. B. bei den Idolen ist dann der symbolischer Ausdruck dafür, diese Möglichkeit erkannt zu haben und sie realisieren zu wollen.

4. Auf andere Facetten der altsteinzeitlichen Religiosität verwies A. Marshak (The Roots of Civilisation, 1972). Er wies nach, dass man bereits im Jungpaläolithikum (ca. 38.000–15.000 v. Chr.) ein **System von Symbolen zur Zeitfestlegung** entwickelt hatte, das auf der Beobachtung der **Mondphasen**

beruhte. Dahinter stehen eine langfristige lückenlose Beobachtung und ein langer Gebrauch in einem Zeitraum von nicht weniger als 25.000 Jahren (vom frühen Aurignacien bis zum späten Magdalénien).

Diese Beobachtungen und Erfahrungswerte ermöglichten dem steinzeitlichen Menschen, gewisse jahreszeitliche oder periodische Termine (**Feste**) schon lange vorher festzulegen. Dies ist heute noch bei sibirischen Stämmen und bei nordamerikanischen Indianern üblich.

Auch **Schrift, Arithmetik** und **Kalender** im eigentlichen Sinn gehen wahrscheinlich auf diese Symbolik zurück, die das Aufzeichnungssystem der Altsteinzeit bestimmte.

Wahrscheinlich war ein in Knochen eingeritzter mehr als 100.000 Jahre alter Mondkalender, den man in Europa fand, die erste schriftliche Aufzeichnung überhaupt – was die Vorstellungen über den Beginn unserer Kultur revolutioniert und die Engführung auf den Gebrauch einer »Schrift« im engeren Sinn des Wortes relativiert!

In dieselbe Richtung weist eine Aussage des bekannten amerikanischen Astrophysikers und Raumforschers Carl Sagan, der in seinem Buch »Die Drachen von Eden« Erkenntnisse des Gehirnforschers Paul MacLean weiterführt und feststellt, dass das Gehirn der Dinosaurier nicht ausgestorben ist, sondern in der innersten Schichte unseres Gehirns, im sogenannten **Reptilien-Komplex** (darüber lagert das limbische System und darüber das Großhirn), in gewisser Weise erhalten geblieben bzw. weitervererbt erscheint.

Dies bedeutet, dass viele Verhaltensweisen des Menschen wahrscheinlich wesentlich weiter zurückgehen, als man bisher angenommen hat, und dass der Mensch von einer nicht nur Jahrhunderttausende, sondern Millionen von Jahren dauernden menschlichen Entwicklungsgeschichte geprägt ist. Er »weiß« allerdings fast nichts darüber, kann es aber durch Rückschlüsse »erfassen«.

In diese Richtung interpretiert der vorhin genannte Marshak z. B. die in vielen Gegenständen und auch auf Höhlenwänden eingravierten **Mäander** und **Labyrinthe.** Er sieht darin ein logisches System, das bereits auf einem Knochen aus der Dordogne (ca. 135.000 v. Chr. im Acheuléen) nachweisbar ist und nicht erst im 100.000 Jahre späteren Jungpaläolithikum oder gar erst im Zusammenhang mit der Palastkultur auf Kreta entstanden ist. Die genaue Bedeutung dieses Systems ist freilich schwer zu ergründen und bedarf noch eingehender Forschungen – z. B. einer genauen Analyse der **Mythen**, d. h. der in alten Erzähltraditionen weiterlebenden Ereignisse und Erkenntnisse, die in einem Zusammenhang mit Jahreszeiten, dem Verhalten des Wildes, mit der Sexualität, dem Tod und der geheimnisvollen Mächtigkeit übernatürlicher Wesen und gewisser »eingeweihter« Personen stehen.

Auch in diesem Fall spielen die Vergleiche mit »lebenden Fossilien«, also mit vergleichbaren, noch in einer zum Teil archaischen Entwicklungsphase befindlichen Menschen der Stammeskulturen eine bedeutende Rolle.

Ein konkretes Beispiel dafür: Die Kenntnis des Initiationsmythos des afrikanischen Hirtenstammes der Poëhl ermöglichte die Entschlüsselung bestimmter Wandmalereien von Hoggar und Tassili in Nordafrika, die zwar keinen direkten Zusammenhang damit haben, aber erkennen lassen, dass es unter paläolithischen Völkern bereits weit verbreitete ähnlich geartete Mythen gab.

In diesem konkreten Fall geht es vor allem um kosmogonische Mythen und Ursprungssagen, um Legenden und Riten im Zusammenhang mit »Himmelfahrt«, »magischen Reisen« und religiösen Beziehungen zwischen Jäger, Wild und dem »Herrn der Tiere« sowie um Mythen über das Feuer, die Geschlechtlichkeit und den Tod sowie um die Sakralität des gestirnten Himmels und um kosmische Katastrophen.

5. Man kann daher schon für die Altsteinzeit die Existenz eines **kosmologischen Systems** annehmen – also eine Art weit verbreitetes Weltbild bzw. eine frühe **Weltanschauung**, in der es nicht nur um die primären menschlichen Bedürfnisse ging, sondern auch um deren Hintergründe. In der Sprache Teilhard de Chardins gedacht, ging es nicht mehr nur um die »Biosphäre«, sondern um den entscheidenden Durchbruch der Noosphäre. In der Sprache der Bibel wäre das das Erwachen des Bewusstseins zur Erkenntnis des Schöpfergottes und zum Erfassen des Woher? Warum? Wohin? des Lebens der Menschen auf dieser Erde. Damit werden wir uns noch im letzten Kapitel zu beschäftigen haben.

6. Das frühe Entwickeln einer Weltanschauung zeigt, dass es vor allem die **Sprache** ist, die den Menschen zum Menschen macht und seine Entwicklung gewaltig vorantreibt, weil sie ihm das Wissen um sich selbst und die geheimnisvollen Zusammenhänge und das Sich-darüber-mit-anderen-Austauschen ermöglicht.

Es ist anzunehmen, dass sich die Sprache in jener Entwicklungsphase konstituierte, als sich der Homo erectus in einem Entwicklungssprung von den kleinen, etwa 15 Personen umfassenden autarken Gruppen der Australopithecinen (mit Promiskuität und Inzucht) zu den typischen Homo-erectus-Gruppen (mit Exogamie, deutlicher Paarbeziehung und Tabuisierung des Inzest) von mehr als 25 Individuen weiterentwickelt hat. Es ist weiter anzunehmen, dass einzelne dieser Gruppen zum Zweck gemeinsamer Jagden auf Großwild (vgl. die Elefantenjagd in Torralba oder die regelmäßigen Treffen in Terra Amata, bei denen man vorübergehend in einfachen Laubhütten lebte!) zu bestimmten Jahreszeiten an bestimmten Orten mit anderen solchen Gruppen zusammenkamen, diese Unternehmungen genau planten, präzise durchführten, die Beute teilten und konservierten und so zu ihren Hauptstützpunkten (das waren oft Höhlen) transportieren konnten.

Bei der dabei erfolgenden Berührung mit vielen anderen Gruppen erhielten die einzelnen Menschen entscheidende Impulse zur Weiterentwicklung und Entfaltung der Sprache als Kommunikationsmittel, aber auch zum Ausbilden differenzierterer Sozialstrukturen; sie erlebten die Gemeinschaft am Lagerfeuer, tauschten diverse Erfahrungen, Erkenntnisse und Erinnerungen aus und entwickelten das typische frühmenschliche Freizeit-Verhalten, wie wir es bei Naturvölkern und in den Stammeskulturen heute noch beobachten können.

Ein gutes Beispiel dafür bietet ein merkwürdiger Fund in der Höhle von Montespan (südlich von Toulouse), wo man tief eingeprägte Fußspuren junger Menschen gefunden hat, aus denen man auf den Ritus eines Rundtanzes geschlossen hat, der in den späteren Jägerkulturen Eurasiens, aber auch in Melanesien oder bei kalifornischen Indianern nachgewiesen ist. Dort gehört er zum Tierseelenversöhnungsritual bzw. dient der Wildvermehrung und drückt die mystische Verbindung bzw. Solidarität zwischen der Jägergruppe und dem Wild aus.

Dies ist ein guter Ansatzpunkt, in den ältesten Überlieferungen nach frühen religiösen Vollzügen (Riten) und Glaubensinhalten (Mythen) zu suchen, die Rückschlüsse auf die Frühzeit erlauben, die uns zwar nur durch »stumme Zeugen« bekannt ist, aber auf diese Weise erhellt werden kann.

Rekonstruktion des Kopfes eines Neandertalers.

Dokumente des Glaubens aus der Mittel- und Jungsteinzeit

Mit dem Ende der letzten Eiszeit (Würm), die rund 60.000 Jahre gedauert hatte, vollzog sich im nördlichen Teil Europas (in alpinen Gegenden geschah das mit beträchtlicher Verzögerung) zwischen 10.000 und 8.000 eine einschneidende Veränderung des Klimas.

Das nunmehr gemäßigte Klima bewirkte, dass viele Tiere (vor allem das Großwild) abwanderten und dass sich die eisfrei gewordenen arktischen Steppen mit Wald bedeckten. Ein Teil der Menschen zog dem Großwild nach, andere stellten sich um, verlegten sich auf die Jagd nach Kleinwild (Vogelfang, Fischerei, Muschelsammeln) und siedelten an den Fluss- und Seeufern sowie an Meeresküsten. Wobei durch das Abschmelzen des Inlandeises der Meeresspiegel allmählich anstieg und bisherige Landbrücken (z. B. zwischen den Britischen Inseln und dem Kontinent) verloren gingen. Dafür bildeten sich in Nordeuropa neue Siedlungsgebiete im Ostseegebiet, wo es starke geomorphologische Veränderungen gab, die auch für die Menschen einen Entwicklungsschub verursachten.

Die sich daraus ergebenden neuen Bedingungen, die zu tief greifenden Umwälzungen in allen Bereichen des täglichen Lebens und der Kultur führten, veranlassten die Wissenschaftler, eine deutliche Zäsur zu setzen und vom **Mesolithikum** (Mittlere Steinzeit) zu sprechen.

Allerdings verlief die Entwicklung in den verschiedenen Gebieten höchst unterschiedlich.

In Südwest- und Südostasien, vor allem aber im Vorderen Orient und in einzelnen Mittelmeerländern wirkte sich das Mesolithikum als eine sehr kreative Periode aus, so dass dort dann in relativ kurzer Zeit die Entwicklung zu städtischen Hochkulturen möglich wurde.

Für diese Bereiche kann man deshalb von einer »Achsenzeit« sprechen, denn dort vollzog sich am schnellsten, sichtbarsten und radikalsten der Übergang von der Jägerkultur zur Sesshaftigkeit, zum Domestizieren von Tieren, zum Züchten von Nutzpflanzen (Ackerbau), zur Gründung von Städten und Staaten.

In Europa dagegen bedeutete diese neue Periode – verglichen mit den großartigen Schöpfungen des Jungpaläolithikums, das deswegen in der Erinnerung in mancher Hinsicht als »verlorenes Paradies« (M. Eliade) gelten konnte – eher einen Rückschritt. Erst in der folgenden Periode – dem **Neolithikum** (Jungsteinzeit) – war die Umstellung bewältigt, konnte die Entwicklung nachziehen.

Der große Umbruch in der Mittelsteinzeit

Die **mesolithische Revolution** machte der über Hunderttausende von Jahren feststellbaren »Einheit« (besser: Undifferenziertheit) der paläolithischen Menschen ein Ende und löste jene Vielfalt und Differenziertheit aus, die seit damals die Entwicklung der verschiedenen Kulturen bestimmen.

Natürlich gab es auch lange nach dem Ende der Eiszeit noch Relikte der typisch altsteinzeitlichen Jägergesellschaften – aber sie zogen sich mehr und mehr in die Randzonen und in schwer zugängliche Gebiete zurück: in die Wüste, in die großen Wälder, in die Berge. Auch unter den sesshaft werdenden oder bereits gewordenen Dorfbewohnern, Viehzüchtern und Ackerbauern gab es noch Jäger, die für »Wildbret« sorgten und damit einen Teil des Lebensunterhaltes der Allgemeinheit in der so lange gewohnten Weise beschafften.

Wahrscheinlich übernahmen diese Menschen auch den Schutz der Dörfer gegen Feinde, zunächst gegen wilde Tiere, die die Menschen bedrohten, bald aber auch gegen menschliche Feinde, die Überfälle durchführten, um Jagd- oder Wohngebiete streitig zu machen und sich Besitztümer Anderer anzueignen. Aus den mesolithischen Felsbildern der spanischen Levante (von denen gleich die Rede sein wird) ist zu schließen, dass es zunehmend zu Auseinandersetzungen mit Fremden (aus Nordafrika) kam. Da solche kriegerischen Themen in der paläolithischen Wandkunst völlig fehlen, dürfte es sich – wohl auch bedingt durch einen erheblichen Bevölkerungszuwachs nach dem Ende der Eiszeit; es gibt Schätzungen, denen zufolge die Weltbevölkerung damals etwa zehn Millionen Menschen betragen habe – um neue Kampf-Erfahrungen handeln, die man wohl auf dem gewohnten Weg der rituellen Abbildung beeinflussen zu können glaubte.

Aus den mesolithischen Jägern rekrutierten sich dann wohl die Krieger (oder deren Ausbildner) bzw. die militärischen Organisationen (»Heere«), die beim Aufbau der »Reiche« eine immer größere Rolle spielten.

Auf diese Weise blieb die für die paläolithische Jägerkultur typische »Spiritualität« weiter erhalten und kann in manchen Details auch noch in unserer Gegenwart – in Form alter Bräuche oder Prinzipien – festgestellt werden.

Bei den großen Eroberungszügen der Indoeuropäer oder der Turkvölker und Mongolen wurde diese steinzeitliche Jäger-Mentalität in anachronistischer Weise noch Jahrtausende nach dem Ende der Steinzeit geschichtsmächtig.

Jägervölker in Nordeuropa

Vom Alltagsleben – und damit auch von den religiösen Praktiken – jener mesolithischen Jäger-Gruppen, die den Rentierherden folgten, ist nicht viel bekannt. Der Fund von zwölf vollständigen Rentierkadavern mit Steinen im Brust- und Bauchraum in einem Teich von *Stellmoor* bei Hamburg gehört zu den interessantesten aus dieser Zeit. Es muss aber offen bleiben, ob es sich um ein »Versenk-Opfer« für den »Herrn der Tiere« (oder eine andere Gottheit) handelt oder um eine Parallele zu dem z. B. bei den Eskimos verbreiteten Brauch, auf diese Weise Fleischvorräte im gefrorenen Wasser frisch zu halten. Da zusammen mit den Rentieren in Stellmoor auch zahlreiche Gegenstände (Holzpfeile, Knochenwerkzeuge, aus Rentiergeweih gefertigte Beile usw.) aus viel jüngerer Zeit gefunden wurden, die man als Imitationen für Opferzwecke gedeutet hat, dürfte der Teich von Stellmoor als ein Heiliger Ort gegolten haben, an dem man mit Gottheiten (Kraftspendern) in Verbindung treten konnte.

Ähnlich zu deuten ist ein Fund in *Ahrensburg-Hopfenbach:* Auf der Spitze eines Kiefernholzpfahles steckte ein Rentierschädel; wahrscheinlich aß man bei rituellen Mahlzeiten das Fleisch der Tiere und opferte die Köpfe – auf dem Kultpfahl der Gottheit zur Versöhnung dargeboten, um weiter Jagdglück zu haben und überleben zu können.

Bevorzugte Wohnung der Menschen in der europäischen Mittelsteinzeit dürften die **Höhle** und das **Felsschutzdach** bzw. teilweise in die Erde eingegrabene bzw. durch Steinmauern geschützte **Hütten** oder **Zelte** (aus Tierhäuten auf Stangenkonstruktionen) gewesen sein. Als Bewaffnung setzen sich Bogen und Pfeil (mit eingesetzten Knochen- oder Steinspitzen) durch. Den immer wichtiger werdenden Fischfang – Man kann sogar von einer mesolithischen **Jäger-Fischer-Kultur** sprechen – betrieb man mit Reusen und Korbfallen von Booten aus, wobei es sowohl Einbäume wie eine Art Kajak (aus fellüberzogenen Stangengerüsten gebaut) gab, die mit Paddeln angetrieben wurden – wie man aus skandinavischen Felsbildern weiß.

Teilweise wurden die Menschen bereits **sesshaft** – besonders dort, wo sich erste Ansätze einer **Ackerkultur** zeigten (man sammelte »Früchte« nicht nur als Nahrung, sondern auch, um die darin enthaltenen »Samen« zur gezielten Vermehrung und Kultivierung der Pflanzen zu nutzen) und man begann, **Tiere** (Rinder, Schafe, Ziegen, Hunde) zu **domestizieren**. Die Werkzeuge und Geräte verfeinerten sich, wurden kleiner und handlicher, vor allem, als man lernte, die Steine nicht nur zu spalten und zu behauen, sondern zu schleifen und zu polieren. In dieser Zeit entstand dann auch die erste Keramik.

Bestattungen aus dieser Zeit sind viele erhalten geblieben, wobei die Toten in Hockstellung oft nicht nur in der Erde, sondern in mit Steinen umstellten Muschelhaufen beigesetzt wurden; bei männlichen Skeletten fand man mehr Schmuck und Grabbeigaben, was für die stärkere Vorrangstellung des Mannes in dieser Zeit spricht. Typisch für diese Zeit wurden Schädelbestattungen – vielleicht darf man daraus schließen, dass man im Schädel den Sitz des Bewusstseins, der Seele, also der Persönlichkeit, sah und an ein **Fortleben** als Ahnengeister« glaubte.

Man unterscheidet verschiedene **mesolithische Kulturperioden** (Maglemose-Kultur, Fosna-Kultur und Komsa-Kultur), die nach wichtigen Fundstätten benannt werden und sich an den **geomorphologischen Veränderungen** in Skandinavien bzw. im Bereich von Nord- und Ostsee orientieren:

Um 10.000 entstand aus den Schmelzwassern des Eises der ***Baltische See***; um 7.000 das ***Yoldia-Meer*** (benannt nach der Salzwassermuschel *yoldia arctica*) im Bereich des heutigen

Südschweden; um 6.500 ***Ancylus-Zeit*** (benannt nach der Muschel *ancylus fluviatilis*), *als dieser Meeresteil durch eine Landhebung von der Nordsee abgetrennt wurde und sich allmählich zu einem Süßwasser-Binnensee wandelte; um 5.000* ***Litorina-Zeit*** (benannt nach der Muschel *litorina littorea*), als durch das Ansteigen des Meeresspiegels die Verbindung mit der Nordsee durch den Dänischen Sund wiederhergestellt wurde und die heutige Verteilung von Wasser und Land erreicht wurde.

Die Felsbilder stehen in direktem Zusammenhang vor allem mit der **Komsa-Kultur** und finden sich im gesamten skandinavisch-karelischen Raum, d. h. an der Atlantikküste von Finnmarken bis Oslo, in Süd- und Nordschweden sowie in Karelien. Sie liegen meist an schwer zugänglichen Plätzen in der Nähe stehender oder fließender Gewässer, also an der Meeresküste im Inneren der tief eingeschnittenen Fjorde, am Rand von Seen oder an Flussufern. Die Felsbilder sind häufig an senkrechten, steil ins Wasser abfallenden Felsen gemalt – finden sich aber auch auf großen mehr oder minder horizontalen Felsflächen. Dies brachte es mit sich, dass sie der Witterung direkt ausgesetzt und daher oft nicht mehr gut sichtbar sind, obwohl z. B. den Farben Bindemittel beigefügt wurden.

Bei den Gravuren wurden die Umrisslinien entweder in den Fels eingeschliffen oder eingehämmert (»gepunzt«); dann wurden die Linien mit Farbe nachgezogen. An den geschützteren Fundstellen (unter Felsüberhängen oder in Höhlen) lassen sich noch rote, violette, braune und weiße Farbtöne erkennen. Die meisten Motive sind Tiere (Elch, Ren, Wal, Seehund, Vögel, Fische, Reptilien), selten Menschen (die im Gegensatz zu den Tieren stilisiert dargestellt wurden). Die Bilder sind meist sehr groß (mehrere Meter), szenische Darstellungen sind eher selten. Die ältesten Bilder wurden in Nordnorwegen gefunden, und es bestehen offensichtliche Verbindungen zu Felsbildern im Osten (z. B. Ural), praktische keine zur franko-kantabrischen Wandkunst.

Felsbildkünstler in Ostspanien und Nordafrika

Verglichen mit den relativ wenigen Dokumenten der nordeuropäischen Rentierjäger bietet vor allem die mesolithische

Felsenkunst Ostspaniens und Nordafrikas (Ibero-mauretanische Kultur) reiches Material.

In der **Spanischen Levante** (im Küstenhinterland zwischen Barcelona und Valencia) fand man zahlreiche zwischen 6.000 und 3.000 v. Chr. entstandene Felsbilder an deutlich im Gelände erkennbaren Wänden unter Felsüberhängen; also nicht mehr im teilweise schwer zugänglichen Inneren von Höhlen wie bei der aus dem Jungpaläolithikum stammenden »Frankokantabrischen Wandkunst«, sondern »außen«.

Kämpfende Bogenschützen, dunkelrote Felsmalerei aus der spanischen Levante, etwa 6. bis 5. Jahrtausend v. Chr.

Auch die Darstellungsweise zeigt kaum Ähnlichkeiten mit den eiszeitlichen Felsbildern. Es gibt kaum Gravierungen und meist einfarbige Malereien (in Rotbraun bis Hellrot sowie Schwarz und Weiß), wobei die Farben ein leicht klebendes Bindemittel enthalten und offensichtlich dünnflüssig aufgetragen wurden, nachdem zuerst die Umrisslinien gezeichnet worden waren. Die Figuren sind meist nur handgroß und es dominieren nicht mehr die Tiere, sondern die Menschen – meist in szenischen Darstellungen: Kämpfende, Tanzende, Jagende, Laufende.

Interessant sind die zahlreichen Übermalungen, so dass die Bilder über einen längeren Zeitraum hin entstanden sind bzw. verwendet wurden. Dabei sind auch beträchtliche stilistische Veränderungen festzustellen – mit der Tendenz zur Schematisierung.

Diese Felsbilder geben auch Aufschluss über die Bekleidung, über Waffen und Geräte – sogar über die Haartracht dieser mesolithischen Menschen. Es finden sich aber kaum Ansätze, um daraus etwas Charakteristisches über den spezifischen Glauben oder über die Religion der Mittelsteinzeitmenschen herauslesen zu können, das eine wesentliche Veränderung der altsteinzeitlichen Formen bedeuten würde oder nicht schon frühe jungsteinzeitliche Phänomene anklingen lässt.

Im Übergang vom 5. zum 4. Jahrtausend spiegelt sich in den Darstellungen der Kontakt mit neolithischen Gruppen, die von Nordafrika her die spanische Ostküste besiedeln. Dies hängt mit der starken Expansion zusammen, die in dieser Zeit von Kleinasien (vgl. die Felsbilder von Catal Hüyük) aus über Palästina die gesamte nordafrikanische Mittelmeerküste und deren Hinterland erfasst und von da aus den Weg nach Spanien findet.

Wie für das Paläolithikum hat man auch für das Mesolithikum bestimmte Kulturgruppen unterschieden und nach französischen Fundorten benannt, die an das ***Magdalénien*** (18.000–8.000) anschließen: **Azilien** (um 9.000 in Südfrankreich und Nordspanien bis nach Mitteleuropa); **Asturien** (nur in der spanischen Provinz Asturien), **Sauveterrien** (um 7.000 in Spanien, Frankreich, Niederlande, Deutschland, Schweiz, Tschechien), **Tardenoisien** (um 6.000 in West- und Mitteleuropa, deutliche Verbindung mit Nordafrika)

In **Nordafrika und in der Sahara** entwickelten sich zwischen 10.000 und 4.000 v. Chr. Jäger- und Sammler-Kulturen, die überwiegend an der Küste siedelten (was durch viele Muschelhaufen und Bestattungen bezeugt ist), aber in klimatischen »Feuchtphasen« auch tief in die Sahara vordrangen.

Man unterscheidet auch hier drei Kulturgruppen: das **Capsien** (in Tunesien und östlichen Algerien), das **Oranien** (in den Küstengebieten Algeriens und Marokkos) und das **Sébilien** (östlich der Sahara und im Niltal). Alle drei beginnen im Mesolithikum, reichen aber bis tief in das Neolithikum hinein – wobei jungsteinzeitliche Hirtenvölker die von den vorausgegangenen mittelsteinzeitlichen Jägervölkern stammenden Bilder übermalten, indem sie den Giraffen, Elefanten und Büffeln auf den ältesten Darstellungen domestizierte Haus- und Herdentiere beigesellten.

Wie in der »Levante-Kunst« befinden sich die Bilder nicht in Höhlen, sondern unter Felsvorsprüngen und in Felsnischen – z. B. im *Tassili-* oder *Hoggar-Gebirge* in Südost-Algerien.

Das Nebeneinander von tief eingeschnittenen Gravierungen und Malereien mit ausgeschliffenen Konturen ist für diese nordafrikanische Kultur typisch. Neben den schon genannten Tieren gibt es auch Darstellungen von Menschen; alle in einem eher naturalistischen Stil und in natürlicher Größe, manchmal sogar überdimensioniert.

Dorf- und Stadtbewohner im Vorderen Orient

Für Kleinasien und Palästina bedeutete das Mesolithikum eine kreative Phase von besonderer Intensität. Zwar ist hier der Übergang von der Jäger- und Sammler- zur Ackerbauer- und Viehzüchter-Kultur deutlich sichtbar, doch finden sich hier besonders frühe Hinweise auf den Übergang zur Sesshaftigkeit (Neolithikum) und der damit verbundenen radikalen geistigen Umstellung, die sich dann auch in anderen religiösen Vorstellungen und Praktiken niederschlägt.

In **Einan** (am galiläischen Hula-See) wurde eine Siedlung aus der Mittelsteinzeit ausgegraben, die aus kreisrunden Hütten besteht, die jeweils mit einer eigenen Feuerstelle ausgestattet waren. Daneben gab es aber auch Funde von Wohnhöhlen, in denen offensichtlich jungpaläolithische Jäger lange Zeit gelebt hatten und die sie dann gegen die selbst errichteten »künstlichen Höhlen« getauscht hatten. Nach dem Wadi Natuf (bei Jerusalem), in dem man die ältesten und bedeutendsten Funde aus dieser Zeit machte, nannte man diese Periode **Natuf-Kultur.**

Bereits um 9.000 v. Chr. wurden dort wild wachsende Getreidearten mit Hilfe von Steinsicheln geerntet und die Körner

Tanzende Krieger, schwarze Felsmalerei aus der Gasulla-Schlucht (Spanien) ca. 5.000 v. Chr.

mit Stampfern in einem Steinmörser zerkleinert. Zwischen 8.000 und 7.000 wurden bereits Schaf und Ziege domestiziert. Hier finden sich auch bereits Ansätze zum Güteraustausch (Handel). Die Kunst dieser Zeit ist naturalistisch; man fand z. B. in Ain Sakhri phallisch stilisierte Mörser, woraus man auf religiöse Fruchtbarkeitsvorstellungen schließen kann, wie sie dann in den jungsteinzeitlichen Ackerbau-Kulturen verbreitet waren. Auch die Herstellung von Schnüren, Netzen und Angelhaken sowie die Fertigung von Booten, mit denen bereits weite Fahrten möglich waren, zeigt, dass man hier der übrigen Entwicklung nach dem Ende der Eiszeit weit voraus war und auch schon früher als anderswo die Grenze zur Jungsteinzeit erreichte und überschritt.

Die beiden Bestattungstypen der Natuf-Kultur (Bestattung des ganzen Körpers in Hockerstellung und Schädelbestattung) waren schon im Paläolithikum bekannt und setzten sich in der Jungsteinzeit fort.

Bei den in Einan ausgegrabenen Skeletten wird in einem Fall auf ein Menschenopfer geschlossen; die religiöse Bedeutung dieses in so manchen Religionen feststellbaren bedenklichen Rituals ist aus den Funden aber nicht zu erheben. Der Zustand einzelner Schädel, die man in typischen Schädelnestern fand, lassen auf Kannibalismus oder Kopfjägerbräuche schließen (ritueller Verzehr des Gehirns).

In beiden Fällen steht dahinter nach M. Eliade wahrscheinlich eine magisch-religiöse Opfer-Handlung, denn der Kopf (als Träger des Gehirns) galt als »Sitz der Seele«, so dass man bei seinem Verzehr »das geistige Element des Opfers in sich aufnimmt« und »den Schädel als Kultobjekt behandelt«.

Durch Träume und Trance-Zustände hatte man sicherlich schon lange vorher »die Existenz eines vom Leib unabhängigen Elements im Menschen erkannt«, das man später Seele, Geist, Atem/Odem, Leben, Double/Doppelgänger usw. nannte und *spirituell* verstand, d. h. nicht in einem bestimmten Körperorgan lokalisierte (= materialisierte), aber im gesamten Körper gegenwärtig dachte und ihm eine besondere Affinität zum Gehirn und damit auch zum Schädel zuschrieb.

In dieser spirituellen Denkweise – in der sich die Noosphäre (Teilhard de Chardin) im Menschen machtvoll zu Wort meldete bzw. die »Erfahrung des Heiligen« (Rudolf Otto) niederschlug und sensible Menschen zur Bildung und Weitergabe von **Mythen** (= Geschichten, die das Urgeschehen lebendig, wirksam und im Bewusstsein hielten) – haben wir ein weiteres Element des Glaubens des Urmenschen in den Blick genommen, auf das wir im letzten Kapitel noch ausführlich zurückkommen werden.

Hier soll nur noch kurz angemerkt werden, dass die »Erfindungen« und »Entdeckungen«, die über das triebhaft animalische und selbstverständlich instinkthafte Wissen hinausgingen und damit unverwechselbar ein Produkt der Vernunftnatur des Homo sapiens darstellten, der sich seiner Andersartigkeit und Besonderheit im Vergleich zu allen anderen Lebewesen bewusst wurde, im kultischen Ritus und Mythus aufgegriffen wurden. Und zwar wurden sie von **ätiologischen Geschichten** (= Ursprungssagen) umgeben, die in entwickelteren Stadien der Religionen (und zwar sowohl der traditionellen Religionen wie der Hochreligionen) als Kosmogonien, Theogonien und Anthropogonien die Brücke zu den Offenbarungen schlugen, welche die jeweiligen Seher (Propheten) in Visionen und Auditionen empfingen, als Botschaften aus dem Jenseits (auch als Orakel-Sprüche) verkündeten oder als kosmische Weisheiten verstanden, an denen der Mensch durch seine Vernunft Anteil hat.

Hier entstand wohl auch bereits ein erstes Ahnen um die **Entsprechungen** zwischen dem Makrokosmos des Universums und dem Mikrokosmos der kleinen Lebenswelt, die später vor allem in den Mysterienreligionen mit ihren Einweihungs-Ritualen ein große Rolle spielten.

Von dieser Sicht aus fällt vielleicht auch Licht auf die Bedeutung der **geometrischen Kunst**, d. h. jener geheimnisvollen Wellenbänder, Kreise, Punkte, Linien, Sonnen, Labyrinthe und anderen Symbole, die bereits in der »Symbolsprache« der Altsteinzeitkunst erstmals sichtbar wurde, auf den bemalten Kieseln des mesolithischen *Azilien* (um 9.000 v. Chr.) aber zur beherrschenden Form wurden und sich von da an in vielfältiger Form einen sicheren Platz in der bildhaften Darstellungsweise der verschiedensten Kulturen gesichert haben.

Auch hier ist es wieder Mircea Eliade, der sein reiches Wissen der verschiedensten religiösen Traditionen und Phänomene einbringt und im Zusammenhang mit dem Mesolithikum auf seine Analyse der australischen Religionen (1972) verweist, und zwar auf die Parallele der *Tschuringas* – jene mit verschiedenen geometrischen Mustern versehenen rituellen Gegenstände aus Stein, die den mystischen Leib der Ahnen darstellten, in Höhlen verborgen oder an heiligen Orten vergraben, und den jungen Menschen beim Abschluss ihrer Initiation gezeigt wurden.

Durch diesen Phänomen-Vergleich hat er die geometrischen Muster als bisher »stumme Zeugen« zum Sprechen gebracht: »Bei den Aranda wendet sich der Vater mit folgenden Worten an den Sohn, dem er ›Tschuringas‹ zeigt: ›Das ist dein Leib. Das ist dein Ahne, der du einst warst, als du während deines früheren Lebens gewandert bist. Dann stiegst du in die heilige Höhle hinab, um dort auszuruhen.‹« Und er fasst zusammen: »Der Ahne lebt also nach der Glaubensüberzeugung dieser Australier simultan in seinem mystischen Leib und ist in dem jungen Menschen reinkarniert, außerdem existiert er unter der Erde und in Gestalt eines ›Kindergeistes‹« Er verfängt sich aber nicht in der Fußangel unzulässiger Analogieschlüsse, sondern warnt vor voreiligen Identifikationen, andrerseits arbeitet er die Parallele heraus, dass es sich bei den Tschuringas wie bei den bemalten Kieseln von Mas dÁzil um – infolge der geometrischen Bemalung – **kraftgeladene Gegenstände** handelt.

Zum Vergleich verweist er auf 133 bemalte Kiesel in der Höhle von Birseck (Schweiz), die großteils zerbrochen aufgefunden wurden, da offenkundig Feinde die Macht dieser Steine bzw. ihrer Besitzer und gläubigen Verwender brechen wollten, indem sie sie zerstörten.

Diese Facette des steinzeitlichen Ahnenglaubens wird uns gleich noch begegnen, wenn wir uns mit der jungsteinzeitlichen »Großstein-Religion« beschäftigen werden.

Mesolithische Kulturen in Südafrika, Ostasien, Australien und Amerika

Wir können hier nicht auf Details eingehen, es soll nur festgehalten werden, dass es das Phänomen einer eigenständigen **Übergangszeit** zwischen der extrem langen und vergleichsweise beständigen oder unbeweglichen Altsteinzeit und der raschlebigen und veränderlichen Jungsteinzeit nicht nur auf dem europäischen Kontinent und in seinen Randgebieten im Süden und Südosten gab, sondern dass sie auch auf den anderen Kontinenten – wenn auch teilweise etwas zeitverschoben – feststellbar ist.

Funde nacheiszeitlicher Felsmalerei gibt es außer an den bisher genannten Zentren auch in Südafrika, in Kleinasien (Catal Hüyük), in Ostasien (im Gebiet der unteren Lena und am Baikal-See), in Nordamerika (Arizona) und Südamerika (Patagonien) und vor allem in Australien, wo die Felsbildmalerei bis weit in die christliche Zeit herein lebendig geblieben ist und sich teilweise höchst eigenständig entwickelt hat (z. B. »Röntgenstil«: die dargestellten Tiere und Menschen werden »durchsichtig« dargestellt, so dass man auch ihre inneren Organe und das Skelett sieht – was vielleicht etwas mit meditativer »Versenkung« in Trancezuständen zu tun haben könnte).

Elemente des Glaubens der Mittelsteinzeitmenschen

Das immer besser perfektionierte Umgehen mit der Materie, das Gestalten und Schmücken, Bearbeiten und Zusammenfügen einzelner Teile zu künstlichen Gebilden formte im Menschen der Mittelsteinzeit und um ihn herum allmählich ein Mikro-Universum, in dem er sich zu Hause fühlte, weil er es aufgebaut hatte, und das er deshalb beherrschen konnte, weil es ihm vertraut und teilweise von ihm abhängig war.

Er war nicht mehr – wie die Jäger und Sammler in der Altsteinzeit – völlig auf das Wild und die Hervorbringungen der selbstständig agierenden Natur angewiesen, sondern konnte mit Hilfe logisch aufeinander abgestimmter Handlungen das Lebensnotwendige selbst herstellen, gestalten, aus Rohstoffen veredeln. Deshalb richtete sich sein Denken auch nicht mehr primär auf Beute und Sammeln aus, sondern auf gute Ernten.

Auch religiös vollzog sich eine große Umschichtung: An die Stelle der mystischen Verbundenheit zwischen Jägern und den Wildtieren, die sie jagten, trat die **mystische Solidarität zwischen Mensch und Vegetation bzw. seinen Haustieren.** Alle menschlich bedeutsamen Ereignisse (Geburt und Tod, Erwachsenwerden und Heirat, Fülle und Not, Sexualität und Gemeinschaft usw.) brachte der Mensch nun in den **Ursprungsmythen** mit sich hingebenden oder hingemordeten Gottheiten in Verbindung. Er sollte dadurch das Geben und Nehmen, das Teilen, die Hingabe, das Gemeinschaftsleben lernen. Er sollte aber auch erfassen, dass der aus der Not geborene Entschluss, Tiere zu töten, um das eigene Leben zu erhalten, seine geliebte Lebenswelt als Todeswelt demaskierte. So sollte er in neuer Weise zwischen Gut und Böse unterscheiden lernen, indem er sich auf seinen übermateriellen, geistigen Ursprung besinnt, der »vor« oder »über« der Materie liegt. Und er sollte in einer bewussten »Rückverbindung« (= Religion) zum Schöpfergott den *Ursprungsmythos* auf dem Weg über den *Kosmologischen Mythos* zum *Eschatologischen Mythos* (Ziel der Religiosität) wandeln.

Anders ausgedrückt: Durch Reinigung und Hebung seines *Ich-Bewusstseins* (als denkendes Körperwesen) zum *Selbstbewusstsein* (Krone der Schöpfung, Gotteskind) sollte er eine neue Plattform erreichen, von der aus er ein *kosmisches Bewusstsein* (Erfassen der tieferen Zusammenhänge und Verbundenheiten zwischen Himmel und Erde) entwickeln und zu einem *Über-Bewusstsein* (Wiedervereinigung aller Geschöpfe mit dem Schöpfer) voranschreiten kann.

Die Riten im Mesolithikum (Pubertätszeremonien, Tier- und Menschenopfer, Kannibalismus, Bestattungszeremonien usw.) legen Zeugnis ab von einer gewissen Gebrochenheit der

Ordnung und sind ein kultischer, d. h. das Erinnern (»Memoria«) fördernder Nachvollzug des »Urmordes« – und so eine ständige Rückbesinnung auf das darin liegende Unheil, um daraus zu lernen und zum Heil zurückzufinden.

Die therapeutische Bedeutung der *Ursprungsmythen* ist klar: Die Nutzpflanzen sind heilig, weil sie aus dem Leib der Gottheit stammen. Der Mensch, der sich von ihnen nährt, isst letztlich göttliche Wirklichkeit; die Nutzpflanzen sind ja nicht wie die Naturpflanzen vorgegeben, sondern einerseits das Ergebnis (Geschenk) eines dramatischen Urereignisses, andererseits durch menschliche Fähigkeiten und Fertigkeiten gepflanzt und erfolgreich zur Ernte geführt.

Nicht mehr Knochen und Blut symbolisieren daher das Wesen des Lebens (sie bedeuten zwar Leben für den Jäger, aber Tod für sein Opfer), sondern Blut und Samen (aus denen sich neues körperliches Leben entwickelt, das Träger der direkt vom geistigen Gott geschaffenen Geistseele wird).

So rückt auch die Frau mehr in den Mittelpunkt: Sie spielte schon bei der Züchtung der Nutzpflanzen (durch ihr Sammeln des Samens, Vorbereiten und Pflegen des Bodens) eine entscheidende Rolle. Außerdem entspricht ihre Fruchtbarkeit in geheimnisvoller Weise der Fruchtbarkeit der Erde; deshalb weiß sie in besonderer Weise um die Geheimnisse der Schöpfung und spielt auf so verschiedenen Ebenen wie bei der Parthenogenese (= Jungfrauengeburt), bei der Annahme des *hieros gamos* (= heiliger Bräutigam) und bei rituellen Orgien die zentrale Rolle – wodurch sich das ursprüngliche Rollenbild der Frau (aber auch des Mannes, ihrer Kinder und Gottes) beträchtlich gewandelt hat.

Ein nahe liegender Symbolismus bringt die Sexualität der Frau in Verbindung mit den Mondphasen, mit der Erde (die als Gebärmutter gedacht wird) und mit dem Mysterium der Vegetation. Das »Werden und Vergehen«, der »Tod des Weizenkorns, das in die Erde fällt und stirbt, und auf diese Weise vielfältige Frucht bringt«, beflügelte nun die Sprache der Dichter, Denker und Beter.

So hat die mesolithische Religiosität deutlich kosmische Züge, glaubt an die periodische Erneuerung der Welt und arbeitet durch rituelle Wiederholung der Kosmogonie (= Weltentstehung) mit an ihrer Vollendung.

Ausformung der neuen Ansätze in der vorkeramischen Jungsteinzeit

Vieles von dem im Zusammenhang mit der mesolithischen Revolution Angedeuteten gehört bereits in das Neolithikum, weil es dort erst zur Reife kommt. In der Mittelsteinzeit sind bloß die auslösenden Faktoren tätig geworden und festzustellen, welche die über Jahrhunderttausende so stabil gebliebene Altsteinzeit in Bewegung gebracht haben.

Die Errungenschaften der Mittelsteinzeit wurden in den Jahrtausenden der Jungsteinzeit in einer verhältnismäßig kurzen Zeit ausgebaut, verfeinert und verdeutlicht. Wobei die Jungsteinzeit von einer derartigen Dynamik erfasst wurde, dass sie bald an ihr Ende kam, ohne dass sich die Dynamik verbraucht hätte – deshalb der schnelle Wechsel einander ablösender neuer Zeitalter in – gemessen an der Altsteinzeit und auch noch an der Mittelsteinzeit – erstaunlich kurzen Zeitabständen: Schriftzeitalter, Kupferzeit, Bronzezeit, Eisenzeit, Industriezeitalter, Plastikzeitalter, Atomzeitalter, Raumzeitalter, Informationszeitalter … das alles in 5.000 Jahren!

An einigen Beispielen soll das nun aufgezeigt werden.

Die älteste Stadt der Welt

Die Kultur von **Jericho** – der aus der Bibel bekannten Stadt am Jordan – reicht wahrscheinlich unmittelbar bis in die bereits kurz besprochene mittelsteinzeitliche **Natuf**-Kultur zurück (die ab dem 10. Jahrtausend v. Chr. angesetzt wird); Jericho ist also weit mehr als zehntausend Jahre alt!

In der Nähe einer ergiebigen Quelle, etwa 7 km westlich des Jordan und 250 m unterhalb des Meeresspiegels, wurde in einer üppigen Oase mit tropischer Vegetation (deshalb in der Bibel – z. B. Deuteronomium 34,3 – auch »Palmenstadt« genannt) ein Heiligtum errichtet. Die näheren Umstände sind nicht bekannt. Vielleicht hat es mit dem Namen Jericho zu tun, der »Mond-Stadt« bedeutet.

Wir kennen die verschiedenen Bau- und Besiedelungsphasen dieser Stadt deshalb relativ genau, weil in Tell-es-Sultan bei Jericho von deutschen Archäologen 1907–1909 sehr systematisch gegraben wurde. Man identifizierte schließlich sechs Besiedelungsschichten (A-F), deren älteste (A) in die vorkeramische Zeit des Neolithikums (vor 5000 v. Chr.) und die jüngste (F) ins 9. – 6. Jh. v. Chr. datiert wurde.

Herodes d. Gr. (*73 v. Chr.) ließ im SW der Stadt seine Winterresidenz bauen, in der er im Jahr 4 v. Chr. gestorben ist; um diesen Palast gruppierte sich dann das Jericho der römisch-byzantinischen Zeit. Von den Arabern wurde unter dem Namen Er-Riha in der Ebene eine neue Stadt gebaut, die bis heute bewohnt ist (dzt. ca. 10.000 Ew.). Die Stadt A wies eine Ausdehnung von etwa 30.000 qm auf. Weitere Grabungen in den dreißiger und fünfziger Jahren ergaben noch drei der Bauphase A vorangehende Besiedelungsphasen, so dass der Bau des ausgegrabenen mächtigen Turms noch vor den ältesten Befestigungsmauern um das Jahr 10.000 v. Chr. angesetzt wird.

Das (nach Jos 5, 13–6, 27) von Josua, dem Nachfolger des Moses, unter den in der Bibel beschriebenen Umständen (Zerstörung der Mauern durch ein Erdbeben) wahrscheinlich im 13. Jh. v. Chr. eroberte Jericho dürfte die Stadt D gewesen sein.

Das ursprüngliche Heiligtum ist vor 7.800 niedergebrannt worden. Eine neue Besiedelung dürfte kurz nach 7.000 erfolgt sein. Damals gab es außer dem ursprünglichen Rundturm, einem in den Fels gehauenen Graben und dem Heiligtum schon einige große öffentliche Gebäude. Bei den Grabungen wurden auch ein Tempel und die Nekropole der Stadt A oder B festgestellt, in der frühe Schädelbestattungen gefunden wurden: die Schädel waren mit Lehm gefüllt, von den Schläfen abwärts außen mit Gips überzogen und nachgeformt, die Augen waren mit Kauri-Muscheln eingelegt. Die Schädel wirken dadurch erstaunlich lebendig und waren so bestens geeignet, die Ahnenverehrung im weiter oben beschriebenen Sinn der rituellen Erinnerung zu fördern. Im ältesten Teil aufgefundene weibliche Statuetten und Tierfigürchen belegen einen frühen neolithischen Fruchtbarkeitskult.

Catal Hüyük

Was in Mesopotamien *Tell* genannt wird (= Besiedelungs-Hügel; Bezeichnung für alte Ansiedlungen, die man vielfach unter auffälligen Hügeln in der Ebene zwischen Euphrat und Tigris gefunden hat), heißt in türkischer Sprache *Hüyük*.

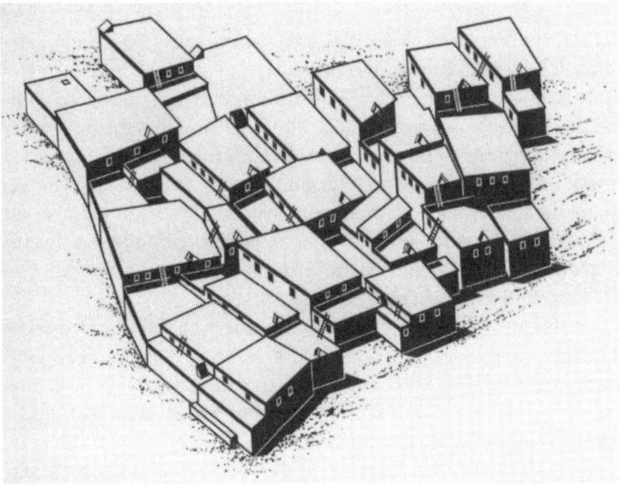

Rekonstruktion der uralten anatolischen Ansiedlung Catal Hüyük, terrassenförmig angelegt, Zugang über die Dächer (Schutzvorkehrung?).

Mit einer Fläche von 170.000 qm ist das auf der Hochebene der südlichen Türkei gelegene Catal Hüyük die größte bisher im vorkeramischen Neolithikum (um 7.000) des Vorderen Orients bekannt gewordene Siedlung mit einem bereits erstaunlich hohen Grad an Zivilisation, einem fortgeschrittenen Ackerbau (Funde mehrerer Getreide- und Gemüsesorten, Flachsanbau), mit Hinweisen auf Webereien, Tierzucht und frühe Handelsbeziehungen mit Syrien (Werkzeuge aus einem Obsidiansteinbruch in der Nähe der Stadt spielten eine große Rolle als Handelsgüter; syrische Feuersteine und Seemuscheln wurden dagegen in Catal Hüyük gefunden).

Die vorkeramische Phase geht um 5.300 v. Chr. bruchlos in eine keramische über (reich mit geometrischern Mustern verziert). Die rechteckigen Bauten, eng nebeneinander auf einem langgezogenen Hang terrassenförmig angelegt, sind aus geformten Lehmziegeln errichtet und in Wohn- und Arbeitsräume unterteilt. Der Zugang erfolgte mittels Leitern über das Dach – eine bis heute in Anatolien gebräuchliche Bauweise.

Es gab einen eigenen Kultbezirk mit Heiligtümern und Priesterwohnungen. Viele Wände waren mit Gipsreliefs oder Malereien geschmückt, die zum Teil an die Felsbilder in der mesolithischen spanischen Levante erinnern: Jagdszenen, zahlreiche Menschendarstellungen, die zum Teil als Gottheiten gedeutet werden, ohne dass man aber Namen und Funktionen weiß. Alle künstlerischen Darstellungen sind in sehr unterschiedlichen Stilarten zwischen naturalistisch und abstrakt gehalten. Dasselbe gilt für die zahlreich gefundenen Kleinplastiken aus Ton und Stein. Bekannt geworden ist die *Gebärende Göttin zwischen zwei Leoparden.*

Ähnliche Darstellungen einer Leopardengöttin fand man in **Hačilar**: In einer Schicht, die um 5.700 datiert wurde, fand man mehrere auf einem Leoparden sitzende (auch kniende, ruhende, stehende) Frauenfiguren; viele nackt oder mit einem kurzen Lendenschurz.

Totenbestattungen unter dem Fußboden der Häuser scheinen in Catal Hüyük üblich gewesen zu sein; vor der Bei-

Wandmalerei aus Catal Hüyük zeigt in der Jagdszene große Unterschiede zu den etwa gleichzeitigen Felsmalereien in der spanischen Levante (s. Seite 74).

setzung wurde das Fleisch vom Skelett gelöst. Skelettteile wurden mit Ocker oder blauer und grüner Farbe bemalt und in Matten eingewickelt beigesetzt. Perlen aus Halbedelsteinen und gegossenem Kupfer gehören hier zu den reichen Grabbeigaben. Bei Männerbestattungen wurden Tonstempel mit Mäander- und Spiralmustern gefunden.

Die Anbauflächen in Catal Hüyük waren relativ klein und auf Bewässerung durch Regen oder Grundwasser beschränkt, da es auf der Hochebene keine für Bewässerungsanlagen geeigneten Wasserläufe gab. Vielleicht war das der Grund, dass die Kultur von Catal Hüyük um etwa 5.000 plötzlich zugrunde ging. Ob es auch andere Gründe gab – z. B. eine Eroberung der unbefestigten Siedlung durch allerdings unbekannte Feinde –, ist unklar. »Flüchtlinge« aus Catal Hüyük bauten wahrscheinlich in der Nähe des heutigen Mossul im Nordirak an der **Tell Halaf-Kultur,** die deutliche Bezüge zu den anatolischen Funden aufweist.

Neu ist hier allerdings die Verwendung von Kupfer und die Darstellung von wilden Stieren (und Widdern), die wahrscheinlich Symbole der männlichen Fruchtbarkeit darstellten.

Um 4.300 v. Chr. verschwand auch die Tell Hallaf-Kultur wieder. Sie wurde offensichtlich von der sogenannten **Obed-Kultur** (Südirak) aufgesogen, die bereits größere Fortschritte in der Metallurgie, im Ackerbau und in den Handelsbeziehungen aufwies und bis zur Entwicklung der sumerischen Kultur ganz Vorderasien beeinflusst hat. (Vgl. dazu im Band DER GLAUBE IN DEN ALTEN HOCHKULTUREN, Kapitel »Der Glaube der alten Mesopotamier«).

Lepenski Vir

Im Jahre 1965 wurde am Eisernen Tor, der Donaupforte zwischen Serbien und Rumänien, eine neolithische Siedlung ausgegraben, deren früheste Schichten bis 5.800 v. Chr. zurückreichen. Die Hausheiligtümer und der eruierbare Stand der Zivilisation lassen Vergleiche mit Catal Hüyük und anderen anatolischen Funden, aber z. B. auch mit der Siedlung Khirokitia (bei Larnaka auf Zypern) zu, deren Besonderheit allerdings Steinmauern und kuppelartige (falsche Gewölbe) aus Lehmziegeln darstellen.

In **Lepenski Vir** springen monumentale Bildhauerwerke ins Auge, die vielleicht Gottheiten darstellen, jedenfalls etwas mit Religion zu tun haben. Die Verbreitung der im Vorderen Orient um 8.000 entwickelten und reich belegten neolithischen Kultur über die Ägäis und die östlichen Mittelmeerländer und den Balkan bis in die Donauländer und das übrige Europa ist damit dokumentiert.

Direkte Abhängigkeiten sind freilich nicht nachzuweisen.

Elemente des Glaubens in der vorkeramischen Jungsteinzeit

Ab 7.000 v. Chr. kann man aber mit einiger Sicherheit von einer »Europäischen Frühkultur« sprechen (Marija Gimbutas), die gleichzeitig an den Küsten Griechenlands und Italiens, auf Kreta und Zypern, auf dem Balkan, im Bereich des »Fruchtbaren Halbmonds« (Mesopotamien, Südanatolien, Syrien, Palästina) in Vorderasien auftritt und bereits Korn- und Gerstenanbau sowie die Haustierhaltung von Hammel, Rind und Schwein kennt.

Mit dieser Verbreitung von Ackerbau und Viehzucht wurden offensichtlich auch die damit zusammenhängenden Mythen, Riten, religiösen Vorstellungen und Bräuche weitergegeben. So fand man in der neolithischen Ausgrabung von **Cãscioarele** (60 km südlich von Bukarest) einen Tempel, dessen Wände mit roten und grünen Spiralen auf weiß-gelblichem Untergrund bemalt sind, in der Mitte eine Säule, welche die »Weltachse« bzw. den »kosmischen Baum« symbolisiert: Er verbindet die drei kosmischen Regionen *Himmel* (den die Bemalung symbolisiert), *Erde* (der Raum des Tempels) und *Unterwelt* (Wurzeln). Trotz der vergleichsweise vielen Funde bleibt unsere Sicht des religiösen Lebens der frühen jungsteinzeitlichen Menschen fragmentarisch und lückenhaft. Mircea Eliade meint, dass »nur von den archäologischen Dokumenten her und ohne die Erhellung durch Texte oder lebendige Traditionen (die noch zu Beginn des 19. Jh. da und dort lebendig waren) die jungsteinzeitlichen Religionen undifferenziert und monoton erscheinen könnten«.

Es gibt Totenkulte (Bestattungen); Fruchtbarkeitskulte (Statuetten von Göttinnen, Stier- und Wettergottdarstellungen); Rituale um das Mysterium der Vegetation, zu dem auch die Zusammenschau von Frau – Scholle – Pflanze gehört, verbunden mit Wiedergeburtvorstellungen und dem Glauben an ein Fortleben nach dem Tod; sowie eine dreidimensionale Kosmologie (Himmel – Erde – Unterwelt).

Überblick über die Weiterentwicklung

In der Altsteinzeit und auch noch zu Beginn der Mittelsteinzeit waren die zivilisatorischen Bedingungen in Europa und im Vorderen Orient überall ähnlich, weil sie im Wesentlichen vom Klima (Eiszeit – Nacheiszeit) abhängig waren. Schon der Übergang vom Mesolithikum zum Neolithikum weist dagegen riesige Zeitunterschiede auf, weil sich das neue Klima im Vorderen Orient und im Mittelmeerbereich sehr viel schneller konsolidierte als in Nordeuropa, weshalb die kulturellen Leistungen und zivilisatorischen Fortschritte in der Jungsteinzeit zwischen 8.000 und 3.000 einen sehr unterschiedlichen Rhythmus zeigen.

Die Entwicklung der **Töpfereikunst,** deren Beginn noch im Dunkeln liegt, wird in der Jungsteinzeit zu einem Indiz für die Entwicklungsstufe, auf der sich der jeweilige Kulturbereich im Vergleich zu anderen befindet. Außerdem erlauben es spezielle Formen und Verzierungen, kreative Eigenständigkeiten oder Abhängigkeiten festzustellen und auf diese Weise – wie bei der Bearbeitungsart der Werkzeuge im Paläolithikum – einen schnellen Überblick über die höchst differenzierten Entwicklungslinien der einzelnen Kulturen zu bekommen.

ALTER ORIENT (5.000–3.500)

Im Nahen Osten hat sich die Keramik überall durchgesetzt. Die Gefäße sind im Wulstverfahren hergestellt und dann geglättet. Verzierungen werden in den feuchten Ton eingedrückt. Motive sind einfache Ritzlinien und geometrische Muster. Kugelige Töpfe, Schüsseln, flache Schalen, flaschenartige Gefäße sind überall nachgewiesen.

Tell-Hassuna-Kultur (vor 5.000) – NO-Irak, Syrien, SO-Kleinasien. Älteste keramikführende Kultur Mesopotamiens; zuerst ritzverzierte, später bemalte Abdruck-Keramik; Kleinplastik aus Ton (weibliche Idole).

Tepe Sialk I (5.000–4.000) – Zentraliran. Zuerst unbemalte, bräunliche, häufig polierte, später zuerst nur innen, dann auch

außen bemalte Keramik (schwarz auf rotem Grund), geometrische Muster, Rauten, Zickzack, Wellen.
Hacilar (um 5.000) – Zentralanatolien. Keramiklose Siedlung bereits tausend Jahre älter; Keramikführende Phase etwa zeitgleich mit jüngster Catal-Hüyük-Besiedlung; Megaron-Gebäude; naturalistische und abstrakte Idole; Keramik mit rotem Farbüberzug – Beziehung zur griechischen Proto-Sesklo-Kultur; aufgemalte geometrische Muster sind von Tell-Halaf beeinflusst; in der letzten Phase Spiralen und Mäander weiß auf rot, beeinflusst von thessalischer Dimini-Kultur.
Samarra-/Tell-Halaf-Kultur (um 4.000) – N- u. Z-Mesopotamien, W-Syrien, SO-Anatolien. Nachfolger der Tell-Hassuna-Kultur: Fein geschlämmte, besser gebrannte (800° C), hellgundige, bunt bemalte Keramik, ohne Töpferscheibe; geometrische und naturalistische Verzierungen (Menschen, Tiere, Pflanzen), Religiöse Symbole: Haken- und Malteserkreuz, Doppelaxt, Stierkopf: bereits stadtartige Siedlungen, gepflasterte Straßen, Sakralbauten; diverse Kultsymbole (Fruchtbarkeit, Mutter, Stier).
Eridu-Kultur (ab 5.000) – Stadt am persischen Golf. Ursprünglich an einer Lagune, neolithische Besiedelungsphasen vom Dorf zur Stadt; altes Heiligtum wird Kern der Zikkurat vom Ende des 3. Jahrtausends; polychrom verzierte Keramik, schwarze Ornamente auf weißlichem, grünlichem, bräunlichem Grund; rein geometrisch verziert. Um 2.000 wurde die Stadt wegen Verlandung der Lagune aufgegeben.
Tepe-Sialk II (um 4.000). Dünnwandige, ziegelrot gebrannte Keramik, ornamentale schwarze Verzierungen im Inneren; geometrische Muster und Formen, die den Eindruck von Tieren usw. erwecken.

ÄGYPTEN (4.500–3.800)
Das Niltal wurde von neolithischen Bauerngruppen aus Vorderasien kolonisiert; kulturelle Hochentwicklung durch geographische Lage und besondere Fruchtbarkeit durch regelmäßige Überschwemmungen.
Merimde- und Fayum-Kultur (um 4.500) in Unterägypten. In Fayum eher plumpe Tongefäße, in Merimde (im westlichen Nildelta) feiner Ton mit polierter Oberfläche mit Fischgräten-

muster und roten Randstreifen verziert; Schminkpaletten zum Anrühren von Malachit (Augenlider); Bestattung der Toten innerhalb der Siedlungen (nur hier); gekrümmt, auf der Seite liegend, Blick nach Osten.

Tasa-Kultur (ab 4.500) in Oberägypten. Ackerbau (Gerste, Weizen) und Viehzucht (Schafe, Ziegen), Jagd und Fischerei. Einfache und grobe Keramik; Becher mit ausladendem Rand, Ritzmuster – oft mit einer weißen Masse ausgefüllt. Elfenbeinringe, rechteckige Schminkpaletten aus Alabaster. Bestattungen außerhalb der Siedlungen in Hockerstellung.

Badari-Kultur (um 4.000) in Oberägypten. Hauptsächlich durch Grabfunde bekannt, löst die Tasa-Kultur ab. Sehr dünnwandige Keramik mit schönen straffen Formen. Dunkelbraune Oberfläche, poliert, schwarz gebrannter Rand, mit Nageleindrucken verziert (wie im Sudan), auch Ritzverzierung nach dem Brennen üblich. Beginn von Metallverarbeitung (Kupfer).

EUROPA (4.500–3.000)

In Südosteuropa sind die ersten keramischen neolithischen Kulturen zu finden. Einflüsse aus Kleinasien verdrängen dort die sonst überall noch dominierenden mitelsteinzeitlichen Kulturen.

Sesklo-Kultur (um 4.500–2.800) – Griechenland. Älteste keramische Kultur der Jungsteinzeit in Europa; mehrere Entwicklungsstufen, beginnend mit einfarbiger Keramik, dann rundbodige mehrfarbige Keramik vorherrschend. Verzierungen in weißer Farbe auf rotem Untergrund oder rotbraun auf glattem weißem Überzug. Lineare und geometrische Muster. Idolplastiken wurden im Bereich der Überreste von Reisighütten und megaronförmigen Lehmziegelbauten gefunden. Geschliffene Steinwerkzeuge. Bestattungen in Hockerstellung.

Starčevo-Kultur (vor 4.000) – östlicher und mittlerer Balkan. Keramik ähnlich der frühen Sesklo-Stufen, mit aufgelegten Tonleisten und Fingertupfen verziert, Bemalung eher selten; geometrische und spiralförmige Muster; auf Kultgefäßen finden sich Reliefdarstellungen von Tieren und Menschen; viele Idolplastiken, walzen- und glockenförmig; eher nachlässige Bestattungen, zum Teil in den Siedlungen. Um 4.000 starke neolithische Beeinflussungen der ägäischen Inseln und Mittel-

europas; nordwestliche Mittelmeerländer von Nordafrika her neolithisch überlagert.
Bandkeramische Kultur – Mitteleuropa. Erste echte Bauernkultur Mitteleuropas mit Zentrum in Böhmen, Mähren und Mitteldeutschland. Man spricht auch von der *Donauländischen Kultur.* Die Herkunft ist noch ungeklärt, dürfte aber stark vom Südosten her beeinflusst sein. Siedlungen in fruchtbaren Lössböden erleichterten den Übergang zur Landwirtschaft. Ausgedehnte Dorfanlagen mit langgestreckten Häusern (Leben in Großfamilien!), die alle auffällig von SO nach NW ausgerichtet sind. Ob diese Ausrichtung nur zufällig der Ausbreitungsstoßrichtung entspricht? Rundbodige, auch flaschenähnliche Gefäße, eingeritzte bandartige Verzierungen mit Spiralen, Mäandern und Wellen; die Ritzlinien wurden oft rot inkrustiert. Gefäße in Tiergestalt haben vielleicht religiösen Charakter. Bestattungen außerhalb der Siedlungen in Gräberfeldern (Hockerstellung), Grabbeigaben. Leben in Großfamilien.
Grottenkultur und Almeria-Kultur (in Spanien), **Chateauneuf-Kultur** (in Südfrankreich), **Molfetta- und Matera-Kultur** (in Süditalien) und **Stentinello-Kultur** (auf Malta und den Tyrrhenischen Inseln) zeigen sich ab 4.000 stark von den kleinasiatischen und mesopotamischen neolithischen Kulturen beeinflusst, entwickeln sich aber langsamer als diese, weil sie erst den mesolithischen Übergang zu vollziehen haben.

Die Rätsel der jungsteinzeitlichen Megalith-Religion

In der noch schriftlosen, also vorgeschichtlichen Jungsteinzeit entwickelte sich neben den schon besprochenen regionalen Kulturen, die den revolutionären Wandel von der nomadisierenden Jäger-Sammler-Gesellschaft der Altsteinzeit über mittelsteinzeitliche Zwischenformen zur Ackerbauer- und Viehzüchter-Kultur der Jungsteinzeit zum Ausdruck bringen, ein erstaunliches Phänomen, das man mit dem Wort ***Megalith*** (= Großstein) bezeichnet hat.

Die Forschung ist auf solche »Großstein-Anlagen« zuerst in Europa aufmerksam geworden, hat sie dann aber auf allen Kontinenten festgestellt, auch in vielen Ländern, die vorher wenig miteinander gemein hatten – außer dass sie alle im Zuge der Hominisation den Übergang vom Homo erectus zum Homo sapiens vollzogen haben. Es dürfte sich demnach vielleicht um Phänomene einer frühen Weltkultur handeln, deren Beginn in manchen Bereichen bis in das 5. Jahrtausend v. Chr. zurückreicht, also noch in die Zeit **vor** den alten Hochkulturen in Mesopotamien, Ägypten usw.; vielleicht steht sie aber auch mit ihnen in einem gewissen Zusammenhang, ist allerdings auch in Ländern nachzuweisen, die höchstens zu den »Randgebieten« dieser alten Hochkulturen zählten.

Obwohl sich bereits mehrere Forschergenerationen mit den Großstein-Monumenten beschäftigt haben, zählen sie nach wie vor zu den großen ungelösten Rätseln der Menschheit.

Auch heute noch stehen die Touristen immer wieder sprachlos z. B. vor den gigantischen Trilithen von **Stonehenge** in Südengland und bewundern die technische Meisterschaft, mit der hier neolithische Bauern, die sich ansonsten von ihren Vorläufern hauptsächlich durch die Verfeinerung der Steinbearbeitung, nämlich durch die Erfindung des Steinschliffs, unterscheiden, vor 5.000 Jahren 300 Tonnen schwere Steinblöcke behauen, transportieren und senkrecht in der Erde fixieren konnten; und wie sie dann jeweils auf zwei steinerne »Tischfüße« auf mehr als 10 Meter Höhe eine 100 Tonnen schwere »Tischplatte« heben und dort stabil befestigen konnten. Sie fragen die Fremdenführer, wie das möglich war und warum man dies tat. Es werden natürlich Erklärungen gegeben, aber sie können nicht wirklich überzeugen. In unserem Zusammenhang geht es um die Frage, ob hinter den Megalith-Dokumenten Elemente einer spezifischen Religiosität stehen oder ob man gar von einer »Megalith-Religion« sprechen kann.

Die Megalith-Monumente stehen im Dienst der Ahnenverehrung

Die Verehrung der Ahnen dürfte der zentrale Inhalt der Megalith-Religion gewesen sein. All die natürlichen (auch künstlich erweiterten) Höhlen in Felsen und Bergen und die künstlichen Höhlen oder Schächte in aufgeschütteten Hügeln und Großstein-Anlagen (Nekropolen), die Steinringe (Cromlech), in Felsgipfel geschnittene Heiligtümer, aufrecht gestellte Megalithe (Menhire) oder Menhir-Reihen (Alignements) und die verschiedenartigen Steinüberdachungen (Dolmen) bis zu »Steinkisten« sind Varianten ein und desselben Anliegens oder glaubenden Wissens: **Holz und Erde sind vergänglich, Steine sind ewig.**

Mircea Eliade, der sich eingehend mit den Megalithen befasst hat und das Urteil fällt: »Wir haben es zweifellos mit einem sehr bedeutenden Totenkult zu tun«, verweist zum besseren Verständnis des in der Megalith-Kultur sichtbar werdenden geistigen Anliegens auf einen **indonesischen Mythos,** der deshalb relevant sein kann, weil es in Indonesien (und Melanesien) noch lebendige Megalithkulturen gibt oder bis vor kurzem gab.

Am Anfang der Zeiten, als der Himmel noch ganz nah über der Erde war, beschenkte Gott das erste Menschenpaar mit seinen Gaben, indem er diese an einer Schnur hinunter ließ. Eines Tages sandte er ihnen einen Stein, aber die Ahnen wiesen ihn erstaunt und gekränkt zurück. Kurze Zeit später ließ Gott erneut die Schnur hinab, diesmal mit einer Banane, die sofort akzeptiert wurde. Da vernahmen die Ahnen die Stimme des Schöpfers: Weil ihr die Banane gewählt habt, wird euer Leben dem Leben dieser Frucht gleichen. Hättet ihr aber den Stein gewählt, so wäre euer Leben wie das Sein des Steins gewesen, unveränderlich und unsterblich.

Die Endeckung des Ackerbaus und damit des pflanzlichen Lebens führte zu einer erweiterten Auffassung des menschlichen Lebens: In der altsteinzeitlichen Jägergesellschaft orientierte sich der Mensch bei seinem Nachdenken über das Leben eher am Tierleben. Jetzt beschäftigt er sich mit dem andersartigen, zyklischen Leben der Vegetation – wo sich Geburt, Leben, Tod, Wiedergeburt in jährlicher Folge abwechseln. Und er zieht ebenfalls Vergleiche zu seinem eigenen Leben und Sterben.

Der Megalith-Mensch kam wohl zu dem Schluss, dass sein Leben oftmals ähnlich gefährdet und vergänglich ist wie das Pflanzenleben, dass aber die Teilhabe am Lebenszyklus der Natur (den man z. B. auch an den Jahreszeiten ablesen und damit astronomisch-astrologisch deuten konnte; vgl. das relativ frühe Wissen um die Entsprechungen zwischen dem Wandern entlang dem Zodiak = Tierkreis und dem Leben im Jahreszeiten-Zyklus) Hoffnung auf Wiederkehr und ewiges Leben bietet.

So gesehen gibt die Megalith-Religion eine Antwort auf die indonesische Weisheit: Die Ahnen haben sich zwar für die Banane und damit für die Vergänglichkeit entschieden; wie das Getreide haben die Menschen doch die Möglichkeit, durch den Tod hindurch Unsterblichkeit zu erreichen und an der Ewigkeit Anteil zu haben, wenn sie mit den Megalithen in Kontakt bleiben, welche die Ewigkeit und Unzerstörbarkeit symbolisieren. So sind im Glauben der Megalith-Menschen die Lebenden mit den Ahnen durch die Macht der Steine verbunden; wobei die Ahnen bereits »auf der anderen Seite« des Lebens existieren, aber mit den Sterblichen diesseits der Grenze des Todes in einer – rituell vollzogenen und durch die Größe der Steine stets vor Augen stehenden – Verbindung stehen.

Viele alte Religionen (Sumerer, Hethiter, Hebräer, Griechen usw.) sahen das anders: Für sie waren die Toten nur arme, kraftlose Schatten, die in einem »Land ohne Wiederkehr« (Sumer) oder im »Hades=Unterwelt« (Griechen, tw. Hebräer: »Scheol«) ein freudloses Schattenleben fristen.

In der Megalith-Religion waren die Toten machtvolle Partner der Lebenden, wenn diese mit ihnen verbunden blieben. In verschiedenen Zeremonien (Prozessionen, Tänze usw.), durch Opfergaben (Nahrung, Getränke, Geräte), durch Opfer (die an den Monumenten vollzogen wurden) und rituelle Mahlzeiten (auf den Gräbern der Vorangegangenen) wurde diese Verbundenheit gepflegt.

Sieht man es so, dann fällt z. B. Licht auf die **Menhire.** Sie sind sozusagen der symbolische Leib der Ahnen, auf dem sich die Seele niederlässt, um während des Ritus bei den Ihren zu sein. Denkt man z. B. an die gezählten 2.935 Menhire, die im bretonischen Carnac – bereits vor 4.000 v. Chr. entstanden! – in Sechserreihen die fast 4 km lange Prozessionsstraße »bevölkern«, dann mag diese symbolische Präsenz dieser vielen Generationen von Toten die Menschen enorm beeindruckt und ihnen große Sicherheit gegeben haben, im Wandel der Zeiten ihr »Ewigkeits-Bewusstsein« zu bewahren und den Kontakt mit den machtvollen Toten zu pflegen.

Die Wohnhäuser der neolithischen Menschen haben kaum Spuren hinterlassen – ihr Material war zu vergänglich; die spezifischen Nekropolen der Megalith-Religion überdauern dagegen bereits bis zu 6.0000 Jahre!

Da es sich bei den zahlreichen Megalithfunden in Ermangelung schriftlicher Zeugnisse noch immer um »stumme Zeugnisse« für den Glauben der Urmenschen handelt, stehen für den heutigen Betrachter eindeutig die eindrucksvollen Großstein-Monumente im Mittelpunkt des Interesses. Man kann sich aber vorstellen, dass es ebenso eindrucksvolle Zeremonien gab, durch die sich dieser Akzent verschob.

Folgende acht megalithische **Grabformen** lassen sich unterscheiden:

a. ***Höhlen:*** In Spanien natürliche Höhlen, auf Malta künstliche Stockwerke in natürlichen Höhlen, in England und Italien künstliche Hügel über Megalith-Grabanlagen.

b. ***Steintische = Dolmen:*** Auf vier oder fünf Stehern – innen geglättet – ruhen gewaltige Decksteine. Diese Kammern wurden oft so abgedichtet und mit Erde zugedeckt, dass kaum Staub eingedrungen war, als man sie nach Jahrtausenden fand und öffnete. Ein Steinkreis am Fuß des Hügels verhinderte einerseits die Erdabrutschung, begrenzte andrerseits den »heiligen Bereich«.

c. ***Ganggräber:*** In jüngeren Gräbern fand man gespaltene Monolithe; mit den Steinplatten konnte man Abteile oder größere Räume – 25 m lang sind die größten! – schaffen, in denen man auch mehrere Tote – bis zu 100 Skelette wurden in einem dänischen Ganggrab gefunden! – bestatten konnte.

d. ***Galerien* oder *Steinkisten:*** In den gewachsenen Boden eingegraben oder eingelassen, mit Steinplatten ausgekleidet bzw. überdeckt; bei dieser Form gibt es häufig Abteilungen mit mehreren Skeletten.

e. ***Terrassen:*** Sogenannte »Hünenbetten« (bis zu 110 m lang!) finden sich vor allem in Norddeutschland. Es handelt sich um gewaltige, rechteckig angelegte Erdaufschüttungen, mit Sandsteinen gegen Abrutschen gesichert, die als Versammlungsort genützt wurden. Die im Hügel eingelassene(n) Grabkammer(n) sind relativ klein – hier dominiert die feiernde Gemeinde!

f. ***Kuppelgräber:*** Ähnlichkeiten mit dem Atreus-Grab in Mykene. In Irland, Spanien, Bretagne, Norddeutschland bezeugt. Das Kuppelgrab in New Grange/Irland hat z. B. einen

Durchmesser von 85 m und enthält viele Grabkammern, Seitenkammern, Gänge, Wälle und Gräben. An den Rückseiten der Gräber finden sich manchmal bereits Apsiden (z. B. auf Malta)
g. ***Diskusgräber* oder *Gräberrund:*** Über den kreisrund nebeneinander angelegten Schachtgräbern befindet sich je ein Menhir oder Dolmen. Typisch für England (Aberdeenshire, Cornwall, Derbyshire), ähnelt den *circuli* in Italien. Das gewaltigste Gräberrund im westlichen Megalithikum ist **Stonehenge**!
h. ***Gehörnte Hügel:*** Halbkreisförmige oder halbovale Gräberbauten mit Vorplatz. Häufig in England, Sardinien und Malta. Manchmal mut einem Kuppelgrab kombiniert.

Viele Megalithgräber zeigen an einer Schmalseite der Grabkammer einen niedrigeren stehenden Stein neben anderen gleich hohen, so dass gegenüber dem Deckenstein eine Öffnung bleibt. Bei jüngeren Bauwerken kann auch die Deckplatte durchbohrt sein, um ein solches **Seelenloch** zu schaffen. Das brauchen aber nicht die Seelen, um einen Zugang zu ihrem Grab=Körper zu bekommen, sondern die Menschen, um die Grabbeigaben erneuern zu können und den Totenkult über einen längeren Zeitraum hinweg aufrecht zu halten, ohne die Ruhe der Ahnen zu stören. Diese Deutung bestätigt sich dadurch, dass bei größeren Gräbern, wo es einen eigenen Vorraum für die Grabbeigaben gibt, das Seelenloch im Vorraum angebracht ist und nicht im oft erstaunlich gut abgedichteten Grabraum.

Die Megalithe stehen in Zusammenhang mit **bestimmten Vorstellungen über das Leben nach dem Tod**. Sie werden zumeist im Verlauf von Zeremonien errichtet, die die Seele auf ihrem Weg ins Jenseits beschützen sollen. Sie sichern aber auch den Lebenden, die sie errichten bzw. jenen, die sie nach deren Tod errichten werden, ein ewiges Fortleben nach dem Tod. Außerdem sind die Megalithe das Bindemittel schlechthin zwischen den Lebenden und den Toten, weil sie als Träger von magischen Kräften gelten, die von den Erbauern und jenen, für die sie errichtet wurden, in sie hineingelegt wurden, und die die Lebendigkeit und Fruchtbarkeit von Mensch, Vieh und Nutzpflanzern gewährleisten.

Die **Skelette** liegen meist gestreckt oder mit nur leicht angezogenen Beinen in einer Seitenlage-Schlafstellung, manchmal auch in Rückenlage auf einem gestampften Lehmboden oder auf einem Estrich aus gebrannten und eingeebneten Feuersteinbrocken. Die vorher häufige Hockerstellung ist nur selten anzutreffen. Selten findet man auch angesengte oder halbverbrannte Knochen, was auf Leichenverbrennung schließen lässt; häufiger findet man Brandstätten in der Nähe der Monumente, was auf Opferfeuer hinweist, die im Rahmen der Zeremonien immer wieder entzündet wurden. Es gibt keine eindeutige Antwort auf die Frage: Massen- oder Einzelbestattung? Beides ist vielfach belegt. Hie und da findet man eingeschlagene Frauen-Schädel bei Männerskeletten, was vielleicht auf Menschenopfer verweist.

Unter den **Grabbeigaben** fallen Waffen auf: riesige Attrappen von Streitäxten z. B. in Dänemark und Schweden, die aus einem Tonkern bestehen, um den herum Kupfer- oder Bronzeblech gelegt wurde, oder winzig kleine Beilchen; es wurden auch gebrauchsfähige Waffen gefunden. Offensichtlich sind in den Jenseitsvorstellungen Realismus und Symbolismus gemischt. Man fand Nahrungsmittel (z. B. Fleisch von Schwein und Rind, aber auch Hund, Elch, Hirsch, Kranich), Gefäße zum Trinken, Essen und Baden, Sandalen, Klappstühle, Bronzetrompeten, Sanduhrtrommeln und sogar (papierdünne!) Goldgefäße.

Über die **Menhire** wurde schon kurz gehandelt; die manchmal behauptete Phallussymbolik liegt zwar nahe, passt aber nicht zum Umfeld des Totenkults, deshalb scheint die Erklärung als »Seelenthron« plausibler zu sein. Da und dort gibt es aber Bearbeitungen der Menhire, die eine Phallussymbolik erkennen lassen (z. B. in Äthiopien, in Bologna und in Finistère/Frankreich). Da und dort bildeten sich – aber erst in historischer Zeit – Fruchtbarkeitskulte um alte Menhire, die dann mit Öl gesalbt, mit Blumen bekränzt, begossen, erleuchtet, umschritten, umtanzt oder auch rituell berührt wurden. In den Überlieferungen solcher Umdeutungen spielen dann oft auch die Ahnen als Vermittler von Fruchtbarkeit eine den alten Vorstellungen beigefügte Rolle.

Neben manchen Menhiren findet man liegende Steine (**Dissolithen**), die man als Altar deuten kann, an dem der Totenkult mit Opfern gefeiert wurde.

Häufig findet man **Steinkreise** (Cromlech), bis zu 60 m Durchmesser, um Menhire, die wohl einen Fest- oder Kultplatz abgrenzen sollten. Besonders deutlich sieht man das z. B. bei der Anlage von Stonehenge:

Die Luftbildanlage lässt noch die ursprüngliche Anlage erkennen, wenngleich sie nur mehr teilweise erhalten ist: Ganz außen verläuft ein kreisrunder Wall mit Graben (Durchmesser 90 m). Innerhalb des Walls drei Kreise mit Pfostenlöchern, gegen die Mitte zu ein Kreis von 30 großen Monolithen, deren geglättete Seiten zur Kreismitte schauen; sie sind mit aneinander stoßenden riesigen Steinbalken dolmenartig überlagert. Gegen die Mitte zu ein zweiter Kreis von 50 kleineren, nach oben keilförmig verjüngten Menhiren, die nur mehr teilweise vorhanden sind. Innerhalb dieses Kreises stehen in Hufeisenform fünf Trilithen, der mittelste ist höher als die vier anderen. Innerhalb des Hufeisens gibt es parallel dazu ein zweites Trilithen-Hufeisen mit kleineren Menhiren. In der Mitte liegt vor dem höchsten Trilithen ein $5 \times 1 \times 1$ m dimensionierter Steinblock, der vielleicht als Altar diente; es könnte sich aber auch um einen einzelnen umgestürzten Menhir handeln, da es neben ihm eine Grube gibt. In der Längsachse des Hufeisens ist im Außenwall gegen NO eine Öffnung, von der aus eine 20 m breite Straße, von Gräbern eingefasst, den Hang hinunterführt. Die Feststraße gabelt sich, und der eine Zweig führt 700 m weit zu einer Rennbahn (3.000×100 m mit Wall und Graben umgeben). Auch hier fand man zwei Gräber.

Es gibt drei Ausbaustufen der monumentalen Anlage von Stonehenge; in dem geheiligten Raum befand sich im Zentrum ein symbolischer »Mittelpunkt der Welt«, durch den die Verbindung mit Himmel und Unterwelt zustande kommt. Die Funktion einer kosmischen Sonnenuhr, für die es auch einige Indizien gibt, gehörte mit Sicherheit nicht zum ursprünglichen Konzept, das bereits 2.800 v. Chr. fertig ausgeführt war.

Der Ursprung der Megalithkultur

Vor Anwendung der Radiocarbonmethode zur Bestimmung des Alters archäologischer Funde bestand bei den Gelehrten Übereinstimmung darüber, dass die Megalithkultur im östlichen Mittelmeerraum entstand (wo es megalithische Gemeinschaftsgräber gibt) und im Zuge des Erzhandels nach Westen und Norden verbreitet wurde; der ursprüngliche Dolmen-Stil habe sich dabei zu einer wahren Zyklopen-Architektur gewandelt. Die Radiocarbonmethode ergab einen völligen Umsturz dieses Rekonstruktionsversuchs, weil man feststellte, dass die Megalithgräber in der Bretagne bereits vor 4.000 v. Chr. entstanden sind und auch in Dänemark und England bereits um 3.000 v. Chr. Großstein-Gräber bestanden. Sowohl die Steinpyramiden Ägyptens wie die minoische oder mykenische Architektur ist daher jünger und scheidet damit als Vorbild aus.

Man ließ deshalb die Abhängigkeits-Theorie völlig fallen und nimmt heute selbständige Schöpfungen in voneinander mehr oder minder unabhängigen Kulturgebieten wie den vorhin bereits genannten und dem Maghreb (Nordafrika), Palästina, den Kanarischen Inseln, Abessinien, Assam, Ceylon, Tibet, Korea und Amerika an. Dies macht deutlich, dass das megalithische Rätsel noch nicht gelöst ist – man weiß eher nur, wie es nicht war, und tappt in Fragen des Ursprungs und der Abhängigkeit weiterhin im Dunkeln.

Schwerpunkte der Megalithreligion in aller Welt

Wie schon erwähnt, war Europa ein Schwerpunkt der Megalithkultur und -religion. Doch finden sich auf allen Kontinenten Zeugnisse dafür. Hier seien einige besonders interessante – bekannte und eher unbekannte – herausgegriffen:

Europäischer Norden: Die nordeuropäische Megalithkultur wurde zwar als erste archäologisch wahrgenommen und untersucht, sie ist aber keineswegs die älteste. Wir wollen hier das Problem der Abhängigkeiten beiseite lassen und stellen nur fest, dass es deutliche Übereinstimmungen der germanischen und englischen Vorstellungen und Funde gibt:
Die Verehrung von Ahnengeistern als Heroen ist ein typisches Indiz.

Bei Upsala wurden »Gräber großer Götter« gezeigt, und sie haben sich als Megalith-Grabhügel von Stammesheroen erwiesen, von deren »Weiterwirken« vom Jenseits her die Menschen überzeugt waren.

Weibliche Weisheitsträgerinnen (»Walas«), die eine beachtliche geistige Autorität ausübten, finden sich in vielen Megalith-Kulturen; sie stehen in Kontakt mit einer **Muttergöttin**, die das Überleben des Todes geheimnisvoll bewirken kann.
In der Überlieferung der **Germanen** (»Heimskringla« und »Islandsagas«) gibt es viele literarische Belege für einen aus der Megalithzeit in geschichtliche Zeiten hereinwirkenden Heroen-Glauben.

Britische Inseln: Hier gibt es alle Formen megalithischer Architektur. Besonders in der Religion der **Inselkelten**, die lange lebendig blieb und auch literarisch gut bezeugt ist, spielen Kulturheroen eine große Rolle; viele megalithische Monumente erwiesen sich bei archäologischen Grabungen und nachfolgenden Analysen als deren Gräber. Dabei handelte es sich nicht um Polytheismus, wie man gerne interpretieren wollte, sondern um den typisch megalithischen Ahnenkult, der eine gewisse »Divinisierung« historischer Persönlichkeiten bedeutete und vielleicht mit den griechischen oder römischen »Halbgöttern« (z. B. Herakles/Herkules) verglichen werden kann.

Wahrscheinlich sind die Indoeuropäer wichtige Träger der europäischen Megalithkultur, was gewisse Übereinstimmungen erklären würde, ohne gleich Abhängigkeiten annehmen zu müssen.

Bretagne: Vor allem an der Südküste häufen sich sehr frühe Megalith-Funde (um 4.000 v. Chr.), und das riesige Kultzentrum von Carnac lässt auf eine dominante Rolle der Megalith-Religion in früher Zeit schließen. Es gibt aber auch viele andere Megalithfunde in Frankreich, wobei sie im Bereich des alten Bergbaus aus der Kupfer- und Bronzezeit und in Küstennähe häufiger sind als anderswo. Verschiedene Grabbeigaben verweisen auf Kontakte mit der Iberischen Halbinsel, aber auch in den Mittelmeerraum, zu den Britischen Inseln und nach Nordeuropa.

Pyrenäenhalbinsel: Mircea Eliade sieht in Los Millares in der spanischen Provinz Almeria im SO der Halbinsel das Zentrum der europäischen Megalithkultur. Hier wurde eine Totenstadt mit etwa hundert Ganggräbern freigelegt, die unter gewaltigen Hügeln verborgen lagen. Mehrere von ihnen enthalten bis zu hundert Toten, die mehreren Generationen der gleichen Sippe angehören. Es gibt aber auch im Südwesten (Südportugal, Huelva und Andalusien) und in Ostgranada großartige Megalithbauten. Dies sind zugleich die Zentren des frühen Bergbaus, und die Grabbeigaben zeigen die lückenlose Entwicklung einzelner Geräte (z. B. der Beile) von alten Steinformen bis zu Kupfer- und Bronzebeilen. Dass die Iberische Halbinsel zu den wichtigsten Metalllieferanten der alten Hochkulturen gehörte, untermauert die These, dass hier ein kreatives Zentrum der Megalithkultur und -religion entdeckt wurde.

Sardinien, Korsika, Balearen: Hier gibt es überall verschiedenartige Grabbauten-Typen in einem zeitlichen Nebeneinander. Als besonders eigenständig zeigt sich die **Nekropole von Anghelu Ruju auf Sardinien:** Hier handelt es sich um die genaue Rekonstruktion eines neolithischen Hauses, zur Gänze (inclusive Dachbalken und Sparren) in Stein ausgeführt. Die Sarden nennen solche Gebäude »Hexenhäuser« und unterscheiden sie von den »Riesengräbern« – großen Dolmen oft in der Form eines kieloben liegenden Schiffes unter einem künstlichen Hügel (vgl. Balearen und Irland!). Bei Diodor wird überliefert, dass der sardische Heros Iolaus vom berühmten Baumeister Dädalus große Bauten auf Sardinien errichten ließ. Der große Brunnentempel von Giara di Serri gehört ebenso dazu wie die Grabstätte des Heros; diese soll nach Diodor auch therapeutische Wirkungen ausstrahlen können: Befreiung von spukhaften Visionen für den, der einen »kultischen Schlaf« auf dem Grab des Heros absolviert.

Bezeichnend für **Korsika** sind die sogenannten **Nuraghen**, steinerne Kuppelbauten, die aber nicht nur Grabbauten, sondern wohl auch Wehrbauten gewesen sind. Roh behauene große Steinblöcke wurden in Ringform so übereinander gelegt, dass das Gebäude außen wie ein Kegelstumpf, innen aber wie ein Kegelspitz aussieht. Die größten Nuraghen können bis zu 150 Menschen aufnehmen und stammen aus dem Übergang zur frühen Kupferzeit.

Auf den **Balearen (Mallorca, Menorca, Ibiza)** findet man künstliche Höhlen, deren Deckplatten auf megalithischen

Pfeilern ruhen, die nach oben zu breiter werden (Ansatz zur Kapitellbildung!). Die berühmten **Talayots** (= Wachttürme) sind wie die sardinischen Nuraghe Wehranlagen; in keinem einzigen der mehr als 600 Türme hat man menschliche Überreste gefunden. Die **Taulos** (= Tische) dagegen verweisen deutlich auf den Totenkult; es handelt sich um 2–3 m hohe mächtige viereckige Pfeiler, die einen gewaltigen Deckstein tragen; neben ihnen stehen **Navetas** (= Schiffe), mit einem Spitzbogenüberkragungsgewölbe – aus Steinquadern erbaute halbovale Räume, die wie ein kieloben liegendes Schiff aussehen.

Ausgeprägter als auf den Balearen ist die Megalithkultur auf **Malta, Gozo** und **Pantelleria**. Hier werden die ältesten Anlagen auf 3.800 v. Chr. datiert. Wie auf Sardinien sind auch hier alle megalithischen Haupttypen belegt – es fehlen nur die Ausgangstypen, so dass es sich wahrscheinlich um keine originäre, sondern eine sekundäre Kultur handelt – aber in durchaus eigenständiger Prägung und Weiterführung.

Der wichtigste Bau auf **Malta** ist das **Hypogäum von Hal-Saflieni.** Das zweistöckige Gebäude ist in den natürlich gewachsenen Fels gearbeitet. Vom ersten Doppelraum führt eine Treppe in das untere Stockwerk, dessen Räume kleiner und einfacher sind. Die Nebenräume bilden ovale, nierenförmige Nischen, die Wände sind rot bemalt und mit Symbolen (Scheiben, Vierecke, Spiralschnörkel, Ranken) verziert. Die bei den Ausgrabungen gefundenen Knochen gehörten an die 7.000 verschiedenen Personen aus unterschiedlicher Zeit und verweisen auf kontinuierliche Bestattungen und Totenopfer.

Mircea Eliade erklärt das Hypogäum als »Nekropole und Kapelle zugleich« und vermutet hier einen »ausgedehnten Kultus der Großen Göttin«. Die Grabungen auf Malta ergaben bisher wenigsten 17 Heiligtümer, so dass Malta in der Jungsteinzeit eine *isola sacra* war. Die weiträumigen elliptischen Terrassen zwischen den einzelnen Heiligtümern dienten vielleicht Prozessionen oder rituellen Tänzen. Eine überlebensgroße sitzende Frauenfigur, deren Deutung umstritten ist, dürfte nach Eliade eine Göttin sein. Die berühmte »schlummernde Dame« dagegen ist aber kaum eine Muttergöttin, sondern vielleicht eine Priesterin in Trance, die den

»Tempelschlaf« praktiziert und dabei empfangene Belehrungen später an Ratsuchende weitergibt – oder sie symbolisiert einen hier regelmäßig von einer Priesterschaft vollzogenen Inkubationsritus an besonders Initiierten. In den erwähnten nierenförmigen Kultnischen fand man viele unbearbeitete Monolithe, die vielleicht dem Kult eines bildlosen Höchsten Wesens dienten.

Da die Tempel überdacht und die Säle fensterlos und daher dunkel waren, »bedeutete der Eintritt in eines dieser Heiligtümer das Eindringen in das Innere der Erde, d. h. in den ›Schoß der chthonischen Göttin‹. Wenn die Gräber dieselbe nieren- oder gebärmutterförmige Form haben, so kann man daraus auf die Vorstellung schließen, dass der Tote gewissermaßen zu neuem Leben in den Schoß der Erde zurückgelegt wird. Diese Bauten sind also Schauplatz eines Mysterienkults im strengen Sinn des Wortes.« (G. Zuntz)

Auf der westlich gelegenen Nebeninsel **Gozo** bildet die **Gigantia** zwei Doppelovale nebeneinander mit gemeinsamem Vorhof bzw. einer gemeinsamen Umfassungsmauer, während das Heiligtum von **Hal-Tarxien** drei dicht aneinander gefügte Doppelovale umfasst; die zahlreichen Steinpfeiler wurden wohl als Sitz von Ahnen-Wesen verehrt. Die ausgedehnteste Anlage wurde in **Hagiar Kim** gefunden. Auf der kleinen Insel **Pantelleria** (Richtung Tunis) fand man Grabbauten in Form von künstlichen Hügeln, die aus Steinen aufgeschüttet worden waren und Grabkammern bedeckten, die je ein Skelett in Schlafstellung mit angezogenen Beinen enthielten.

Weitere Zentren megalithischer Kultur und Religion sind das **frühminoische Kreta** und **Mykene.** In Mykene ist nur die letzte Entwicklung des Kuppelgrabes belegt, wobei hier die Steinmetzarbeit bereits ein hohes technisches Niveau aufweist, so dass die riesigen kyklopischen Quadersteine ohne Mörtelbindung aufeinander liegen. Das frühminoische Kreta zeigt viele megalithische Wurzeln (Stein- und Fruchtbarkeitskult, weibliche Idole, Rituale in Höhlen und Grotten, Bestattung in Schacht- und Kuppelgräbern, rituelle Attrappen von Waffen), die aber sehr eigenständig weitergeführt wurden. Siehe dazu den Band »Der Glaube der alten Griechen und Römer« (Serie »Grundwissen Religion« in Topos plus).

In **Syrien** und **Palästina** wurden ebenfalls viele Zeugnisse der Megalith-Kultur gefunden, die bis 4.000 v. Chr. zurückreichen. Vor allem im unteren Jordantal, wo sehr viel Basalt vorhanden ist, wurden viele Megalithgräber, Steinkreise, Steinhaufen und künstliche Hügel gefunden. In Galiläa gibt es viele Dolmen, die durchwegs mit Steinhügeln überdeckt sind. Im Wadi Amüd wurde eine ganze Höhlenstadt (»Höhle der Fenster«) entdeckt, die durchwegs Höhlengräber aufweist. Dort gab es aber auch viele Wohnhöhlen, z. B. in einem tiefen Schacht, der weit in den Berg hineinreichen soll. Der vordere Teil der großen Höhle wurde aber als Wohnanlage benutzt: An den Wänden dieser domartigen Haupthöhle befinden sich in mehreren Etagen kleine Wohnräume, die untereinander mit senkrechten Schächten, Gängen oder auch nur Löchern in Verbindung stehen – ähnlich wie auf Gran Canaria.

Auf dem Territorium des alten Phönikien fand man eine Grabhöhle, die man nur durch einen Schacht erreichen konnte, der in eine Grotte führt, deren Hinterraum künstlich erweitert worden war und in dem intakte, aber völlig durcheinander geworfene menschliche Skelette gefunden wurden, vermischt mit (unbemalten) Keramikscherben, Knochendolchen und Tierschädeln.

Die Höhle von Ain Yebrud enthält Schichten langgestreckter Skelette auf unregelmäßig gestalteten Steinlagern mit Keramik aus der Kupfer- und Bronzezeit; diese Skelette sind durch Schichten von Erde und Lehm getrennt und reichen bis unter die Decke der Höhle. Zahlreiche andere Funde können hier nicht erwähnt werden. Die wichtigste Bestattungsart in diesen beiden Ländern war aber neben der Höhle die Steinkiste. Besonders in El-Adeimeh und Teleilat el-Ghassul am Nordende des Toten Meers fand man insgesamt 168 viereckige steinverkleidete Gruben, die mit Steinplatten überdeckt und mit kreisrunden bis ovalen Hügeln überwölbt waren. Daneben fand man steinerne Opferherde mit Aschenresten als Zeugen für den megalithischen Opferkult.

Die Megalith-Tradition schlug sich auch in der Bibel nieder, wie die folgenden Stellen erkennen lassen (Jeremia 2,26–29; Genesis 28,10–22 gek. und Ex 24,4):

Wie ein ertappter Dieb sich schämt, so müssen sich die Leute vom Haus Israel schämen, sie selbst, ihre Könige und

Beamten, ihre Priester und Propheten. Sie sagen ja zum Holz: »Du bist mein Vater«, und zum Stein: »Du hast mich geboren«. Sie kehren mir den Rücken zu und nicht das Gesicht; sind sie aber in Not, dann rufen sie: »Erheb dich und hilf uns!« – Wo sind nun deine Götter, die du dir selbst gemacht hast? Sie mögen sich erheben, falls sie dir helfen können. Denn so zahlreich wie deine Städte, Juda, sind auch deine Götter. Warum streitet ihr gegen mich? Ihr alle seid mir untreu geworden.

Jakob zog weg nach Haran. Er kam an einen bestimmten Ort, wo er übernachtete. Er nahm einen von den Steinen dieses Ortes, legte ihn unter seinen Kopf und schlief dort ein. Da hatte er einen Traum: Er sah eine Treppe, die auf der Erde stand und bis in den Himmel reichte. Auf ihr stiegen Engel Gottes auf und nieder. Und siehe, der Herr stand oben und sagte: … Das Land, auf dem du liegst, will ich dir und deinen Nachkommen geben … Jakob erwachte und sagte: Wirklich, der Herr ist an diesem Ort und ich wusste es nicht. Furcht überkam ihn und er sagte: Wie Ehrfurcht gebietend ist doch dieser Ort! Hier ist nichts anderes als das Haus Gottes und das Tor des Himmels. Er stand früh am Morgen auf, nahm den Stein, den er unter seinen Kopf gelegt hatte, stellte ihn als Steinmal auf und goss Öl darauf. Dann gab er dem Ort den Namen Bet-El (= Gotteshaus) *und machte das Gelübde: Wenn Gott mit mir ist und ich wohlbehalten heimkehre, dann soll der Stein, den ich aufgestellt habe, ein Gotteshaus werden, und von allem, was du mir schenkst, will ich dir den zehnten Teil geben.*

Und Mose schrieb alle Worte Jahwes nieder. In der Frühe des anderen Morgens errichtete er einen Altar am Fuße des Berges und zwölf Malsteine, entsprechend den 12 Stämmen Israels.

Diese Megalith-Tradition war auch noch im 7. Jh. n. Chr. lebendig, als Muhammad die Kaaba in Mekka, jenes uralte, aus Basaltsteinen errichtete arabische Heiligtum, in dem ein »Kraftstein« (Meteorit) eingemauert ist, für das Zentrum des Islam – des hingebungsvollen Glaubens an den einzigen Gott

(Allah) – erklärte und damit die Verbindung zu Abraham und Ismael, ja sogar zu Adam herstellte, der einer alten Überlieferung zufolge diesen Stein nach der Vertreibung aus dem Paradies von Gott als Zeichen seiner immerwährenden Gnade erhielt; er soll ursprünglich weiß gewesen sein, sich aber dann im Laufe der Jahrhunderte schwarz verfärbt haben, weil ja jeder Gläubige auf seiner Hadsch (= Wallfahrt nach Mekka) diesen Stein berühren und vor ihm seine Sünden bekennen soll. Auch im Koran schlug sich dies nieder, wie das folgende Zitat aus der 2. Sure (125–126.128–130.137) zeigt:

> *Als Allah den Abraham durch mancherlei Gebote auf die Probe gestellt hatte und dieser sich als treuer Diener bewährte, sagte er: »Ich setze dich als Hohenpriester für die Menschen ein.« Abraham fragte: »Und meine Nachkommen?« Allah antwortete: »Die sündigen Frevler umfasst mein Bündnis nicht« … Und als ich für die Menschen ein Versammlungshaus* (die Kaaba) *errichtete – auch als Zufluchtsstätte – und sagte: »Haltet die Stätte Abrahams als Bethaus!«, da schlossen wir einen Bund mit Abraham und Ismael, dass sie dieses Haus von Götzendienst rein halten …*
>
> *Als Abraham und Ismael den Grund zu diesem Haus legten, da flehten sie: »Herr, nimm es gnädig von uns an; denn du hörst alles und bist der Allwissende! O Herr, mach uns zu dir ergebenen Moslems und unsere Nachkommen zu einem dir ergebenen Volk … denn du bist der versöhnlich Verzeihende, der Barmherzige!« Herr, lass einen Gesandten aus ihrer Mitte kommen, der ihnen deinen Willen verkündet und sie die Schrift und das Bekenntnis lehrt und sie gläubig macht. … Sagt: »Wir glauben an Allah und an das, was er uns und was er Abraham und Ismael und Isaak und Jakob und den Stämmen offenbarte, und an das, was Moses, Jesus und den anderen Propheten von ihrem Herrn gegeben wurde. Wir kennen unter diesen keinen Unterschied. Wir bleiben Allah ergeben.«*

Auf der **Arabischen Halbinsel** gibt es auch viele andere megalithische Zeugnisse, mit teilweise deutlichen Hinweisen auf einen über einen großen Zeitraum hinweg vollzogenen Totenkult. In der Landschaft Kasun im Nedzd fand man gewaltige

Trilithen innerhalb von Steinkreisen. In Bethsemes im ehemaligen Edom ein erstaunliches Berg- und Höhlenheiligtum mit in den Fels gehauenen Stiegen, Plattformen, einem Altartisch mit Abflussrinnen, die auf Libationsopfer verweisen, und einem Umgangweg. In der Wüste Teyma und an der Küste von Ibba Meghrair fand man Kreise aus hochgestellten Steinplatten. Auf dem Harrat-al-Moahib fand man Kuppelgräber und im Harra-Gebiet kuppelgrabähnliche Überkragungskammern unter einem aus Steinen bestehenden Hügel. Solche Hügel gibt es häufig, doch ist die Altersbestimmung schwierig, weil das Begraben unter Steinhaufen bis in unsere Gegenwart herein üblich blieb.

Das Höhlenheiligtum bei Petra: In der Nähe der Hauptstadt der Nabatäer in einem Talkessel östlich vom Wadi el-Araba zwischen dem Toten Meer und dem Golf von Akaba gelegen, ist von schroffen Felsen aus rotem Sandstein eingeschlossen. Von Osten führt das Wadi Mus (mit der Mosesquelle) hinein und südwestlich erhebt sich der Dschebel Harun mit dem Grab Aarons. Die natürliche Festung Umm el-Bidschara, 1160 m hoch gelegen, war schon in der Eisenzeit von den Edomitern besiedelt und wurde *Sela* (= der Felsen; griech. petra) genannt. Seit 312 v. Chr. ist der arabische Stamm der Nabatäer als Besitzer des Gebietes bezeugt. In römischer Zeit war Petra ein Knotenpunkt der Karawanenstraßen. Aus dieser Zeit stammen die in einem hellenistisch-römisch-orientalischen Stil ausgeführten einzigartigen megalithischen Baudenkmäler in und an den Felsen; sie gelten als die am besten erhaltenen der altsemitischen Religion. Etwa 750 Gräber wurden in den steilen Wänden ausgehauen. Erst um 1900 n. Chr. wurden diese Höhlenheiligtümer archäologisch entdeckt. Schon lange vor dem Eindringen der Hebräer in Palästina war dieses Gebiet besiedelt, und die hier lebenden Menschen entwickelten einen megalithischen Toten- und Ahnenkult zusammen mit dem Glauben an ein Höchstes Wesen.

Besonders interessant ist die **Megalithkultur Ägyptens:** Es gab nachweislich eine prädynastische Periode, die etwa ab 4.500 bis 3.100 (König Menes) viele megalithische Funde aufweist, welche nahtlos in die ersten Dynastien übergehen (siehe dazu das Kapitel »Der Glaube der alten Ägypter« im Band DER GLAUBE IN DEN ALTEN HOCHKULTUREN).

Die sogenannten »neolithischen Gräber« von El-Omein bestehen aus kreisrunden Hügeln mit ca. 7 m Durchmesser, bestehend aus Kalksteinböcken über ovalen Gruben mit Skeletten in Hockerstellung. Kleine Steinkreise und Brandstätten in der Nähe verweisen vielleicht auf megalithischen Totenkult. Im Wadi-et-Tih fand man eine Gruppe von rechteckigen und quadratischen Dolmengräbern, in der Nähe von Adfu riesige Steinhaufen (die von weither herbeigeschafft worden sein müssen) und südlich von Assuan typische Kistengräber, teilweise unter Tumuli (= Hügel). Von da aus ist es nur mehr ein Schritt zu den typischen Mastaba-Schachtgräbern, die dann z. B. in der 3. Dynastie vom berühmten Baumeister Imhotep für König Zoser mit der ältesten Steinpyramide Ägyptens überdeckt wurden, die drei megalithische Elemente enthält: Kistengrab, Terrasse, gestufter Hügel. Der ursprünglich megalithische Totenkult wurde sehr früh eigenständig polytheistisch weiterentwickelt.

Die typisch megalith-religiösen Vorstellungen von einem Höchsten Wesen bzw. von der Vorstellung einer Seele, die sich vom Leib trennt, findet sich in den frühesten Texten Ägyptens, wo vom »Einzigen«, dem »Herrn des Himmels« oder »Höchstens« die Rede ist bzw. von »Ka« der Lebenskraft, »Ba« dem geistigen Prinzip und »Ach«, der Verklärungsseele, die unabhängig vom Leib existieren kann und sich nach dem Tod des Menschen mit Ka und Ba verbindet. Der typisch ägyptische »Seelensitz« wird »Haus des Ka« genannt, weil man glaubte, dass der Tote in Gestalt seines »Ka« im Grab verweilt, während seine Geist- und Verklärungsseele sich im Jenseits befinden.

Im »**Lied des Harfners**« (um 2.250 v. Chr.) haben wir einen Text erhalten, der sehr gut diesen Übergang von der Megalith-Religion zum ägyptischen Polytheismus erkennen lässt:

Wie glücklich ist dieser gute Fürst!
Das gütige Geschick hat sich erfüllt, der Leib vergeht und schwindet dahin,
während andere zurückbleiben. Wie zur Zeit der Vorfahren.
Die Götter, welche früher waren, ruhen in den Pyramiden,

Edle und Ruhmreiche verschieden gleichfalls, begraben in ihren Pyramiden.
Die einst Häuser bauten – ihre Stätten sind nicht mehr.
Was ist aus ihnen geworden?
Ich habe die Worte des Imhotep und Hardedef gehört,
deren Sprüche weit berühmt sind – doch wo sind ihre Stätten?
Ihr Mauern sind zerfallen, ihre Stätten sind nicht mehr.
Als ob sie nie gewesen wären.
Niemand kommt wieder von dort, dass er uns erzähle, wie es ihnen ergeht.
Dass er unser Herz beruhige.
Bis auch wir zu diesem Ort hinscheiden, zu dem sie gegangen sind. –
Ermutige dein Herz, es zu vergessen,
und lass uns denken an das, was dir nützlich ist!
Folge deinem Wunsch, solange du lebst.
Lege Myrrhen auf dein Haupt – und kleide dich in feines Linnen.
Getränkt mit wunderbaren Wohlgerüchen, den echten Dingen der Götter.
Vermehre deine Wonne noch mehr, lass dein Herz nicht erlahmen,
Folge deinem Wunsch und deinem Vergnügen
und gestalte dir dein Geschick auf Erden nach den Wünschen
deines Herzens, bis jener Tag der Trauer zu dir kommt.
Denn Osiris erhört ihr Schreien nicht.
Und keinen Menschen ruft die Totenklage aus dem Grab zurück.
Feiere den frohen Tag und ruhe nicht an ihm!
Denn siehe, niemand nimmt seine Güter an sich,
und keiner kehrt zurück, der dorthin gegangen ist.

Mesopotamien (zu dem damals auch ein großer Teil des heutigen Iran gehörte) war in seiner Frühzeit ebenfalls deutlich megalithisch orientiert. Wie wir schon beim Überblick über die neolithischen Kulturen gesehen haben, gehören zur Tell-Halaf- und Obed-Kultur typisch megalithische Schachtgräber mit Spuren von Totenkult, aber auch Bruchsteinhaufen über

Kistengräbern (z. B. in Tell-Ahmar), und in Mari ist der kontinuierliche Ahnenkult bis tief in die megalithische Vorzeit hinein belegt.

Die in Ur gefundenen Königsgräber stammen aus der Zeit zwischen 3.000 und 2.700 v. Chr. und weisen keinerlei Götterbilder oder religiöse Symbole auf, während gleichzeitig der Polytheismus bereits in Tempeln vollzogen wird. Das bedeutet, dass der Totenkult weit älter ist und neben dem sumerischen Götterkult herläuft.

Besonders ergiebig sind megalithische Funde auf den **Kanarischen Inseln** vor der NW-Küste Afrikas, weil die megalithische Kultur sich dort bis in das 15. Jh. n. Chr. hielt und auch Berichte über das Brauchtum und religiöse Vorstellungen existieren. Die archäologischen Funde ergeben eine typische megalithische Hochkultur archaischer Prägung, die mit den megalitischen Mittelmeerkulturen zwischen 3.000 und 2.000 v. Chr. vergleichbar ist. Totenbestattung findet sich sowohl in Höhlen wie in Steinkisten unter Tumuli. Manche Höhlen enthielten Hunderte Leichen in einem teilweise mumifizierten Zustand (aber nicht durch Spezereien, sondern durch Lufttrocknung oder sogar Räucherung).

Auf **Teneriffa** fand man die Überreste in ausgestrecktem Zustand auf Steinbänken oder Holzgestellen. Auf **Gran Canaria** dominieren die Tumuli, meist in Form kreisrunder Steinhaufen über Lava-Rinnen oder Steinkisten, oft auch in zwei Etagen. Einen eigenartigen megalithischen Typ stellen die Türme von **La Guancha** dar – kreisrund gemauerte Steintürme, dazwischen Steinkisten, in denen man Skelette fand; diese Türme erinnern an die Nuraghe in Sardinien. Auf den Ostinseln **Fuerteventura** und **Lanzarote** finden sich typische Ganggräber, aus starken Blöcken gebildet, die aber unter Hügeln schräg in die Tiefe führen. Der Überlieferung zufolge hat man am Grunde der Schächte Feuer entzündet und aus der Art, wie der Rauch aufstieg, Orakeläußerungen der Ahnen herausgelesen.

Auf Gran Canaria in der Nähe des Ortes Telde hat man ein Bergheiligtum gefunden, das so in den Fels eingeschnitten wurde, dass ein ovaler Platz entstand, der zum größeren Teil von einer Felswand eingefasst wird. Darin findet sich ein großer behauener Felsblock mit Hohlraum. Auf der einen Seite des Gipfels fand man eine Höhle mit vier Toren und einen in den Fels geschnittenen Getreidesilo, auf der anderen Seite des Gipfels den Eingang in eine unterirdische Palastanlage.

Ein zweites Bergheiligtum findet sich im Inneren bei Teljada. Auf einem Bergrücken erhebt sich ein Basaltfelsturm, auf dessen Gipfel ein Opferaltar stand, zu dem eine in Stein gehauene Straße empor führte.

Auf einer der kleinen Ostinseln gibt es einen doppelten Steinkreis, der eine Art Labyrinth bildet: Viele nebeneinander aufgestellte Steine bilden zwei relativ eng aneinander gerückte Steinreihen, durch die man gehen muss, um in das Innere zu gelangen, in dem ein Idol auf einem Mittelpunktstein stand. Ansonsten gibt es praktisch keine künstlichen Menhire – dafür viele natürliche (Klippen), die von der Überlieferung als Sitze für Geistwesen angesehen wurden: vor allem auf **Palma** und **Hierro**.

Auf der Westinsel Hierro gibt es in der Nähe von mit Inschriften (Gravur) bedeckten Felsabstürzen eine schräge Wand mit zahlreichen runden Räumen, von denen weg ein Weg zu einem Steinmauerkreis führt. Innerhalb des Kreises befinden sich eine mit Steinplatten gepflasterte »Cella« und daneben ein Altar mit einer Höhlung, in der angesengte Tierknochen gefunden wurden.

Die Schriftgravierungen zeigen drei Typen von Schriften: 1. Petroglyphen (Spiralen, Furchen usw.), die auch anderswo vorkommen; 2. Libysche Schriftzeichen (wie man sie auch bei den Tuareg oder im Kulturbereich der Punier fand), gemischt mit unbekannten, so dass die Texte nicht zu entziffern sind; 3. Zeichen aus den auf Kreta gefundenen »Linearschriften«, deren Mischung ebenfalls das Entziffern unmöglich macht.

Die wenigen auf den Kanarischen Inseln gefundenen Idole zeigen eine Verwandtschaft mit Kreta und Mykene, stellen weibliche und männliche Figuren dar, es gibt aber in der Überlieferung keine Hinweise, wen sie darstellen. Einige Tonplastiken weisen auf Fruchtbarkeitsglauben hin.

Die Kanarische Überlieferung bezeugt den Glauben an ein höchstes Wesen, das in den Bergheiligtümern u. a. mit Milch-Libationen verehrt wurde. Zu Zeiten der Dürre peitschten

Priesterinnen das Meer mit Ruten und flehten um Regen. Es wurden auch Dämonen verehrt – z. B. ein »Teufel« im Krater des Pico de Telde auf Teneriffa, eine hundeartige Bestie auf Gran Canaria und Palma und ein Ziegenbock, der Frauen nachstellt, auf Gomera.

In **Weißafrika** haben vor allem die Berber und Libyer eine megalithische Vergangenheit. Knapp vor dem ersten Weltkrieg konnte der deutsche Forscher Frobenius bei Algier ein megalithisches Gräberfeld sicherstellen, das 9 erhaltene und 7 halbzerstörte Dolmen enthielt; als man 60 Jahre vorher erstmals auf dieses Gräberfeld stieß, waren noch mehr als 400 Dolmen gezählt worden. In Felsen gehauene Gräber findet man bei Timgad, und die Höhle von Thibilis ist eine Parallele zu Palästina oder Gran Canaria, wobei zum Teil mehrere Stockwerke übereinander als Gräbergalerien gestaltet sind. Einige jüngere numidische Prunkbauten lassen deutlich etruskischen Einfluss erkennen. Insgesamt handelt es sich hier also um keine originären Prägungen.

In **Schwarzafrika** finden sich ebenfalls viele megalithische Kulturformen und archäologische Zeugen, die deutliche Parallelen zu den bisher besprochenen aufweisen. Im **Sudan** gibt es z. B. Steinplatten- und Höhlengräber, aber auch Steinkreise und Menhire, Schachtgräber und auch Kuppelgräber mit Kultplätzen, die wahrscheinlich älter sind als die ägyptischen Pyramiden.

Generell gilt für Afrika, dass es zwar so manche Funde und Ergebnisse archäologischer Grabungsarbeit gibt, dass aber nur ein Bruchteil der möglichen, vermuteten oder konkret bekannten Fundstellen bisher erforscht werden konnte. Das Besondere an Afrika ist, dass die immer noch vorhandene Dominanz der Stammeskulturen bewirkt hat, dass sich viele archaische Kulturelemente bis heute erhalten haben, so dass man – wie im 4. Kapitel exemplarisch demonstriert wird, aus den ethnologischen Befunden die »stummen Zeugen« in Afrika – und auch anderswo! – zum Sprechen bringen kann. An einigen Beispielen sei dies auch hier schon gezeigt.

Die Religion der **Galla** (Ostsudan) ist z. B. eine ausgesprochene Hochgott-Religion. Zu ihm spricht man geradezu zärtlich in Gebeten, ihm opfert man von allem, was man genießt. Den Ahnen wird das Blut geschlachteter Tiere geopfert. Wobei man dafür am liebsten schwarze oder dunkle Tiere verwendet, weil sie dieselbe »Farbe« wie der Himmel haben – für blau, schwarz und dunkel haben die Galla nämlich nur ein Wort.

Die **Darassa** (Südäthiopien) halten z. B. auf dem Hügel *Tutto fela* ein Opferfest, indem sie ein Schaf darbringen, und obwohl sie dies inmitten eines Menhir-Feldes tun, auf dem sich zahlreiche (unerforschte) Grabhügel befinden, wissen sie nichts mehr von der Bedeutung dieser Steine und kleinen Hügel. Aber sie haben das Gefühl, dass sie sich an einem geheiligten Ort befinden und dass das mit dem Tod zu tun hat. Hier sind viele der bis zu 6 m hohen Menhire als Phallus bearbeitet: die Eichel ist jeweils durch einen Steinring vom zylindrigen Schaft abgehoben. In der Provinz Sidamo allein stehen mehr als 10.000 solche Phallussteine aus Basalt, die mindestens einen Meter tief im Boden stecken und mit Steinplatten verkeilt sind. Menschenähnlich gestaltete Menhire sind deutlich kleiner und aus weicherem Material. Die dargestellten Gesichter sind flach und haben Löcher für Nase und Augen. Mund und Ohren werden dagegen nur selten dargestellt, manchmal wird nur ein vogelartiges Profil sichtbar. – Der Totenkult ist bei den Darassa sehr ausgeprägt. Häufig gibt es Schachtgräber, über die ein Steinhaufen gebaut wird. Die Trauergäste bringen Steine mit und häufen sie über dem Grab zu einem Hügel. Der Versammlungsplatz ist in der Nähe des Grabes des Dorfgründers. Dort stehen heilige Bäume mit einer Steineinfassung und Menhire, und der Weg zu diesem Versammlungsplatz ist gepflastert. Diese durchaus noch lebendige Megalithkultur gleich sehr ähnlichen Kulturen in Indonesien und Südostasien.

Die **Niloten** (dazu gehören die **Dinka, Schilluk, Nuer, Nuba, Fung, Lango, Bari** oder **Massai**) leben zwischen dem Roten Meer und dem Oberlauf des Nil und glauben an ein gestaltloses, unsichtbares Höchstes Wesen. Religiös maßgebend ist aber der Kult des jeweiligen Stammes-Heros, der sich den Menschen medial kundtut – auch durch das Rauschen der Bäume oder durch Tiere und Dinge – und der im jeweiligen »König« inkarniert ist. Es finden sich Dolmen,

Menhire und Trichtergräber wie in Ägypten und darüber Steinhügel. Die Totenmale auf den Hügeln aber sind nicht aus Stein, sondern aus Holz.

Die **Aschanti** (Westafrika) bauen dem Höchsten Wesen einen eigenen Tempel im Bereich des Königspalastes, wo er vom König zu bestimmten Gelegenheiten verehrt wird. Jedes Gehöft hat aber auch einen eigenen Kultplatz für den »Himmelgott«. Eine bestimmte Baumart, der »Baum Gottes« genannt wird, wird so beschnitten, dass innen eine dreiteilige Astgabel entsteht, in die ein Gefäß zur Aufnahme von Opfergaben gestellt wird, darinnen befindet sich oft ein Steinbeil (ein altes megalithisches Wettersymbol), das »Axt Gottes« genannt wird. Die drei Äste, die das Gefäß halten, werden zugespitzt, und darauf werden Fleischstücke als Opfer gesteckt. Die Aschanti verehren aber auch Flüsse und Wasserflächen als »Kinder Gottes« sowie verschiedene Naturgeister und die Ahnen der mütterlichen Sippe, für die z. B. jeweils ein »Stuhl« freigehalten wird.

Eine Megalithkultur von ganz besonderer Art entstand in **Simbabwe.** Vom Ende des 12. bis zum Ende des 16. Jh. n. Chr. erlebte Schwarzafrika einen riesigen wirtschaftlich-politisch-kulturellen Aufschwung. Bis heute sind Überreste der Stadt **Groß-Simbabwe** (= Häuser aus Stein) erhalten, mit ihren riesigen Granitbauten, die an Mykene oder Tiahuanaco in Südamerika erinnern. Seit 1986 wird die ausgedehnte Stadtanlage, in der einst mehr als 20.000 Menschen gelebt haben, mit dem konischen Turm und der Burg von der UNESCO zum Weltkulturerbe gezählt. Über die Menschen, die hinter dieser erstaunlichen Entwicklung stehen, weiß man wenig – praktisch gar nichts über ihre Religion. Sie wurde von den weißen Kolonialherren totgeschwiegen oder »den Schwarzen« von vornherein nicht zugetraut.

Weitere megalithische Phänomene in **Italien** und **Griechenland** sowie in **Indien** und in **Amerika** wurden jeweils im Zusammenhang mit der Vorgeschichte der alten Römer und Griechen, des Hinduismus bzw. der altamerikanischen Kulturen im Bereich der Azteken (Mexiko), Mayas (Guatemala) und Inkas (Andenregion in Südamerika) behandelt. Siehe die entsprechenden Bände der Reihe GRUNDWISSEN RELI-

GION und das Verzeichnis der in diesem Buch »verwendeten Literatur«.

Der gemeinsame Glaube der Megalithiker

So vielfältig und vielschichtig sich die Zeugnisse aus so verschiedenen Ländern und Kontinenten auch darstellen mögen, so einheitlich ist der Befund, wenn man nach dem gemeinsamen Glauben der Megalithiker fragt:

Im Zentrum steht der *Totenkult*, genauer gesagt: ein ***Ahnenkult.***

Überall sind es mehr oder minder ***große Steine***, welche den Glauben an die Verbindung mit den Ahnen bezeugen und symbolisieren; es ist ein »felsenfester Glaube«, der die Menschen im der Jung*stein*zeit zu imposanten technischen und architektonischen Leistungen angespornt hat.

Wir wissen bis heute nur *dass*, aber nicht *wie* die Menschen in einem – wie allgemein angenommen wird – völlig vortechnischen Zeitalter die Bearbeitung, den Transport und das Aufeinandertürmen der riesigen Steine bewerkstelligt haben. Man kann nur Vermutungen anstellen, sollte dabei aber nicht nur von unserem heutigen Denken ausgehen, sondern auch die alten Überlieferungen einbeziehen und sich den vielen Rätseln stellen, die plausibel erklärt werden müssen, will man nicht an der Realität und Wahrheit vorbei interpretieren.

Der Glaube der Megalithiker lebte aus dem Wissen um die bleibende Nähe der Ahnen und die Verbundenheit mit ihnen und ihrer »überirdischen« Kraft (die in den Megalithbauten präsent ist), deren man sich in den verschiedenen Riten des Totenkultes spürbar versicherte. Wobei wir mangels schriftlicher Zeugnisse kaum etwas darüber »wissen«! Siehe dazu die Sammlungen unerklärlicher Fakten, die z. B. Robert Charroux und Erich von Däniken vorgelegt haben.

Die Ahnen wurden ***divinisiert***, aber nicht im Sinne des Polytheismus als dem Schöpfer(Vater)-Gott gleichgeschaltete Gottheiten, sondern als vergöttlichte Menschen, welche die irdische Präsenz und Wirksamkeit des unsichtbaren und sich jeder Greifbarkeit und damit auch Darstellung entziehenden

Höchsten Wesens garantieren, weil sie mit ihm verbunden sind und ihren Nachkommen daran Anteil geben.

Wo der Hochgott-Glaube zurücktritt, wird er durch einen Polytheismus oder Polydämonismus ersetzt, wie er bei den heute noch die Megalith-Religion praktizierenden Naturvölkern angetroffen wird.

Der Hochgott-Glaube der Megalithiker ist freilich etwas anders gelagert als der Gottesglaube der Urmenschen, die in noch viel älteren Zeiten gelebt haben, weil hier der Ahnenkult »dazwischengeschaltet« ist und die Riten bestimmt.

Der ***Glaube an Naturgeister*** (Wasser-, Baum-, Wind-, Feuer-, Erd-, Steingeister usw.) ist ein weiteres wichtiges Element des Glaubens der Megalithiker – auch wenn wir darauf kaum eingegangen sind.

Die Religion der Megalithiker ist älter als die Religion der alten Hochkulturen und stellt einen wichtigen Übergang zwischen dem Glauben der Urmenschen in den Jäger-und-Sammler-Kulturen und den jüngeren Dorf-und-Stadt-Kulturen dar. Viele Elemente der Weltreligionen stammen aus dieser Zwischenschichte oder wurden von noch früheren Wurzeln entscheidend geprägt.

Wenn bisher wenig vom Opfer, praktisch gar nicht vom Beten oder von Glaubensinhalten (das Wesen Gottes, Jenseits, Lebenskraft, Gnade usw.) die Rede war, so hängt dies damit zusammen, dass sich die Glaubensdokumente der Megalithreligion als weitgehend stumme Zeugen darstellen, da sie ja in den allermeisten Fällen aus noch schriftlosen – also vorgeschichtlichen – Zeiten stammen und sich mit dem Übergang in die geschichtliche Zeit beträchtlich weiterentwickelt und gewandelt haben. Wir werden dem in den folgenden Kapiteln noch ein wenig abzuhelfen versuchen, wenn wir aus der lebendigen Religion der Naturvölker und aus den alten Überlieferungen Aufschluss über bestimmte Symbole, Gegenstände oder Umstände gewinnen, denen wir von den allerersten Anfängen der Menschen vor Millionen Jahren an bis zum Beginn der Schriftkulturen begegnet sind.

Deutungshilfen aus der Religion der Naturvölker und den Stammesreligionen

Aus den zahlreichen ethnologischen Forschungsberichten seien hier einige wenige herausgegriffen, die Wilhelm Koppers, Martin Gusinde und Paul Schebesta, die drei bekannten Mitarbeiter von Wilhelm Schmidt, dem Begründer der Theorie des **Urmonotheismus**, und wie er Mitglieder der Missionsgemeinschaft Societas Verbi Divini (SVD), vorgelegt haben.

Zusammen mit einem Bericht über die Aborigines in Australien, dem Hans Küng und seinem faszinierenden Buch »Spurensuche« zu verdanken ist, werden diese Berichte hilfreich sein, um die Anfänge und die Grundformen des Glaubens der Menschen und die elementaren Vollzüge der ältesten Religiosität, mit denen wir uns in diesem Band befassen, besser zu verstehen.

In unserem Zusammenhang sind diese kurzen Berichte willkommene Deutungshilfen der Botschaft der »stummen Zeugen« der Archäologie, denen wir bei unserer Frage nach dem GLAUBEN DER URMENSCHEN begegnet sind.

Der Glaube der Bhil in Indien

Wilhelm Koppers hat zusammen mit Martin Gusinde 1938 und 1939 die Kultur des im Nordwesten Zentralindiens lebenden Stammes der Bhil erforscht und legte dabei auch einen Schwerpunkt auf deren Glaubensäußerungen. Die Bhil zeigen sich zwar in vielem vom Hinduismus beeinflusst, haben aber doch sehr eigenständige urtümliche Vorstellungen bewahrt und blieben vom vielschichtigen Götterhimmel des großen indischen »Religionen-Bündels« relativ unberührt.

Der höchste Gott der Bhil wird von ihnen ***Bhagwan*** (= der Erhabene) genannt, aber auch *Ram, Parmesar* und *Andate* – was »Höchster«, aber auch »Korngeber« bedeutet.

Die Bhil beten spontan, aus dem Herzen bzw. aus der Situation heraus. Es gibt aber auch Formulierungen, die von vielen in ähnlicher oder gleicher Weise verwendet werden wie die beiden folgenden Beispiele zeigen:

Morgengebet
O Gott, o großer Herr,
du hast uns hervorgebracht,
mache uns heute glücklich.

Gebet in Drangsal
O Gott,
ein so großes Leiden
lasse nicht einmal über meinen
Feind und Übeltäter kommen!

Die Bhil beten auch zur »Erdmutter«, zur Sonne, zum Mond und zu verschiedenen Gottheiten, die sie mit den Hindus gemeinsam haben. Nur Bhagwan sprechen sie aber mit dem persönlichen Du an, die anderen nur im Plural. Bhagwan steht über den Gottheiten, er ist *der Herr*, der die Menschen und alles sonst hervorgebracht hat. In der folgenden Schöpfungsmythe der Bhil kommt dies deutlich zum Ausdruck:

Im Anfang war Bhagwan allein. Dann überlegte er: Wen soll ich machen?

Nachdem Bhagwan überlegt hatte, machte er die Gottheiten und stellte sie als Diener an, machte sie zu Lichtträgern und gab ihnen ihren Lohn ... Dann sagte der böse Geist: »Wie Bhagwan sitzen bleibt, so müsst auch ihr Gottheiten sitzen bleiben, dann wird es in eurem Haus so sein, wie es in Bhagwans Haus ist.« Darauf blieben die Gottheiten sitzen und verrichteten nicht die von Bhagwan aufgetragene Arbeit.

Bhagwan wurde darüber zornig, dass die von ihm gemachten Geschöpfe die Arbeit nicht verrichteten. Und nachdem er sie geschlagen und verprügelt hatte, schickte er sie auf die Erde.

Darauf überlegte Bhagwan erneut: Nun bin ich wieder allein!

Und nachdem er überlegt hatte, machte er jetzt die Menschen und sagte zu ihnen: »Macht es nicht so, wie es die Gottheiten gemacht haben. Ihr seid meine Geschöpfe. Und was immer ihr von mir erbitten werdet, das werde ich euch geben, und ich werde die Not von euch fernhalten.

Und schlägt euch jemand, so werde ich ihn schlagen. Denn Bhagwan allein ist Herr und sonst keiner!«

Es gibt auch eine Urflutmythe der Bhil, die zwar in vielem ähnlich der Hindu-Überlieferung ist, doch spielt eben Bhagwan darin die tragende Rolle. Gerettet wird ein Geschwisterpaar, das zuvor von Bhagwan aus Lehm geformt und belebt worden war. Nach der Flut lehrt Bhagwan sie, als Mann und Frau zusammenzuleben und für Fortpflanzung zu sorgen.

Bhagwan prüft und richtet auch die Seelen der Verstorbenen. Der Gott *Zom*, der dem hinduistische Totengott *Yama* ähnelt, ist der »Polizist« Bhagwans und bringt mit seinen Gehilfen die Seelen zu Bhagwans Richterstuhl.

Der Glaube der Yamana in Feuerland

Charles Darwin war in den Jahren 1832–1834 zweimal bei den Yamana in Feuerland im südlichsten Teil Südamerikas und hatte nach seinen allerdings nur wenige Wochen dauernden Besuchen – er traf dabei auch Menschen aus dem Stamm der *Selk'nam* und der *Halakwulup* – den Eindruck, dass diese Indios »ein religionsloses Volk und Kannibalen« seien. Die wissenschaftliche Welt, die ein offenes Ohr für Darwins Evolutionsthesen hatte, nahm seine Meinung kritiklos an. Als der Stamm der Yamana zwischen 1880 und 1920 von 2.500 Mitgliedern auf 90 geschrumpft war und auszusterben drohte, begleitete Koppers 1921–1922 seinen Lehrer Martin Gusinde – der damals in Santiago di Chile, also fast »vor Ort« lehrte – auf einer Forschungsreise nach Feuerland, um dieses »religionslose Volk« kennen zu lernen und die Meinung Darwins zu überprüfen.

Aus den zahlreichen Erzählungen und Mythen, die sie hörten, sammelten und analysierten, ergab sich das Bild eines elementaren Glaubens:

»**Watauinéwa** erklärte, dass nur der über den »Ewigen« spreche, dem er keine kleinen Kinder hat sterben lassen. Den Tod von Kindern fassen die Yamana nämlich als eine arge Strafe auf, und aus Beschämung schweigen sie darüber.

Watauinéwa (= der Alte, der Unveränderliche, Ewige) war immer schon da, er ist der Herr und Gebieter, ihm ist alles zu verdanken, vor allem die Nahrung. Alles in der Natur ist

Watauinéwasirh (= Gottes Gabe). Er kann alles. Er ist Herr über Leben und Tod und steht auch über allen guten und bösen Geistern, an die die Yamana sonst noch glauben. Watauinéwa ist auch ein Geist, deshalb ist er unsichtbar; aber er ist der Mächtigste. Er sieht auch in das Verborgene und straft die Missetäter – vor allem mit frühem Tod.

Deshalb wenden sich die Yamana in jeder Lebenslage an Gott, um ständig in Verbindung mit ihm zu sein. Gusinde und Koppers sammelten zahlreiche Gebetsformulierungen, die sie in Bitt-, Dank-, Klage- sowie Kontakt-Gebete gliederten.

Ein Opfer ist bei den Yamanas unbekannt, »weil Gott ohnehin alles besitze«. Im Gegensatz dazu stellte Gusinde im Stamm der Selk'nam, den er auch erforschte, einen Primitialopferbrauch fest: Wenn einer etwas essen will, sondert er vorher ein kleines Stück davon ab und sagt: *»Das ist für dich Temaúkl«* (= der Gottesname bei den Selk'nam) und wirft es weg. Und er tut dies, obwohl auch er weiß, dass Tamaúkl ein Geist ist und kein Essen nötig hat.

Der Glaube der Kewa in Neuguinea

1955 kamen die ersten katholischen Missionare zu dem erst kurz vorher von australischen Patrouillen in Yalibu, im südlichen Hochland von Papua-Neuguinea, entdeckten Stamm der *Kewa.* 1977 wurde der erste Priester geweiht: Simon Apea. Die folgenden Informationen stammen aus einem Bericht, den er über den Glauben seines Volkes gab; er ist deswegen besonders interessant und authentisch, weil der Erzähler seine Kindheit und Jugend bei den Kewa verbrachte und dann in die ganz andere Welt der weißen Missionare wechselte, Theologie studierte und so beide Seiten kennt.

> *Die Kewa begegnen ihrem Gott auf erfahrbare Weise. Das Volk der Kewa kam zur Einsicht, dass jemand im Himmel wohnt, der ihnen befahl, ein gutes Leben zu führen und zwischen Gut und Böse zu unterscheiden.*
>
> *Der Himmelbewohner, bekannt als YAKILI, hat die Welt mitsamt den Menschen erschaffen und bewacht und beschützt sie seither stets. Die Menschen sollen deshalb Yakili treu bleiben. Das Wort Yakili bedeutet in der Kewa-Sprache »Glück«. Diese Sprache wird im Hochland von*

etwa 80.000 Menschen gesprochen, und für die bedeutet Yakili nicht nur, dass der Himmelbewohner dort glücklich ist, sondern dass er auf sie herunterschaut und für sie sorgt und sich um alles kümmert.

Der Yakili-Kult schließt das gesamte Leben mit ein: Yakili ist in allen Bereichen des Lebens gegenwärtig und tätig: Er lebt mit seinem Volk zusammen und seine Nähe ist ständig zu spüren, er umsorgt sein Volk mit Regen und Sonnenschein und Nahrung in Fülle.

Unter den Kewa ist es der allgemeine Glaube, dass es keine anderen Götter neben Yakili gibt. Sie haben auch nie die Sonne oder den Mond oder die Sterne angebetet oder als übernatürliche Wesen oder Götter verehrt. Auch die Ahnengeister und andere Geister wurden nie mit Yakili gleichgesetzt.

Die Verstorbenen leben in der Welt Yakilis, wie er wirken sie aber auch in der Welt der Lebenden weiter; sie sind den Kewa in ihren täglichen Freuden und Sorgen und auch im Leid sehr nahe … Aber nicht nur die Ahnen. Auch Yakili ist bei allen Familien- und Stammesangelegenheiten dabei und sorgt für einen guten Ausgang.

Einmal war in unserem Dorf eine wichtige Feier. In der Nacht vor dem Fest hörte ich alle Vorsteher der Gemeinde mit lauter Stimme rufen: »Vater, o Vater, wache über uns!« Und im gleichen Augenblick hörte der Regen bis zur folgenden Nacht auf. So fand die Feier an einem sehr schönen Sonnentag statt. Von da an war ich überzeugt, dass Yakili tatsächlich gegenwärtig sei.

Der Glaube der !Khung in der Kalahari (Afrika)

Das Volk der !Khung-Buschmänner ist eine sehr altertümliche afrikanische Bevölkerungsgruppe, die im Nordwesten der Kalahari, einem sehr abgelegenen Bereich, lebten und sich daher von fremden Einflüssen relativ lange freihalten konnten. Das zeigt nicht zuletzt der mit dem »!« bezeichnete Schnalzlaut (wie man Pferde anfeuert) und andere Zungenlaute, die es in anderen Sprachen nicht gibt.

Martin Gusinde hat als Professor für Anthropologie an der Catholic University of Washington 1950–1951 sechzehn

Monate in der Kalahari gelebt und 1953 weitere fünf Monate die Körperformen der Buschmänner erforscht. In seinem Buch »Von Gelben und Schwarzen Buschmännern« berichtet er über seine Forschungsergebnisse, die eine sehr weit zurück liegende Entwicklungsgeschichte der Menschheit ins Bewusstsein heben. Die !Khung gehören zu den Gelben Buschmännern; Gusinde gewann rasch ihr Vertrauen und machte noch dazu die Bekanntschaft von zwei Deutschen, die viele Jahre unter ihnen gelebt hatten. Frau Rösler verdankt er den folgenden Bericht:

Der !Khung ist ein ganz und gar religiöser Mensch. Er kennt seines Gottes Macht und Eigenschaften und verehrt ihn aus innerstem menschlichem Bedürfnis. Sein Name Húe (= Herr) *ist im Ghanzi-Bereich* (wo Frau Rösler lebte) *gebräuchlicher als die beiden anderen Bezeichnungen der Buschmänner für Gott: !Kub und Gaua. Jeder !Khung ruft Gott an und bekundet ihm volle Ergebenheit, bittet ihn und dankt ihm und erklärt sich mit seinen Schickungen einverstanden.*

Über alles das werden die Kinder eingehend von den Erwachsenen unterrichtet, zunächst in der eigenen Familie, dann in den Pubertätsriten. Die !Khung bedienen sich aber nicht feststehender Gebetsformeln, vielmehr trägt jede Person dem Húe ihre Bitte mit Worten vor, die ihr die augenblickliche Notlage in den Mund legt.

Die !Khung treten mit ihrem Gott sehr häufig mittels Tanz und Gesang in Verbindung. Das ist ein richtiger religiöser Hergang … Jede Seele, die in den kleinen Kindeskörper schon in der Schwangeren vom Gaua hinein gegeben wird, verlässt dann beim Sterben diesen Körper und geht zur Gottheit über dem Wolkenhimmel …

Die folgende Aussage eines alten Buschmanns lässt die Erwartung des künftigen himmlischen Lebens erkennen:

Wenn schließlich auch meine Seele sich dorthin begeben wird, werde ich dort meinen Vater und meine Mutter antreffen, auch meine verstorbenen Kinder. Wie sehr werde ich mich dann freuen, mich mitsamt meinen Freunden aus unserer Gruppe dort wiederzufinden!

Martin Gusinde berichtet über eine häufige Gebetsform:

Die Bitte ums tägliche Brot – bei den !Khung um den

Jagd- und Sammelerfolg – ist jedem eine Selbstverständlichkeit. Aus innerem Antrieb beginnt eine Person einen kleinen Kreis leicht hüpfend abzuscheiten, klatscht dabei in die Hände und wiederholt leise oder halblaut die Bitte: »Gauna, hilf mir!«

Wenn Nachbarn das sehen oder hören, schließen sie sich mit gleichen Bewegungen an und wiederholen viele Male ihre Bitten: »Gauna, lass uns Nahrung finden!« oder: »Stell uns auf den richtigen Pfad, wo wir ein Großwild antreffen; denn wir sind hungrig. Hilf uns!« … Solch ein Tanz dauert 15, 20 oder 25 Minuten … nahebei hockt sich ein Häuflein älterer Personen mitsamt den Kindern nieder, und sie begleiten das langsame Schreiten mit rhythmischem Händeklatschen.

Der Glaube der Pygmäen in Afrika und Südostasien

In drei langen Forschungsreisen nach Afrika (1929–1939, 1934–1935, 1949–1950) hat Paul Schebesta »die Primitivsten der Primitiven« (wie man damals sagte) erforscht und diese Ergebnisse durch Forschungen in Hinterindien und auf den Philippinen (bei den Negritos) ergänzt. Er wurde zusammen mit Martin Gusinde einer der besten Kenner dieser zwergwüchsigen Menschenstämme.

Schebesta und Gusinde unterscheiden die afrikanischen oder *Bambuti*-Pygmäen von den asiatischen *Negrito*-Pygmäen. Als am rassenreinsten bezeichnen sie in Afrika die *Ituri*-Pygmäen (Kongo) wie die Aká, die Efé und Basua, die auch zugleich die damals volkreichsten waren; die Batswa (Kongo), Batwa (Ruanda) und Babenga sowie die Gabun- und Kamerun-Pygmäen sind dagegen schon eher »Pygmoide«. In Asien erforschte Schebesta die Semang auf Malakka sowie die Andamaner und Aeta auf den Philippinen. Außerdem gibt es noch die Wedda auf Sri Lanka, Pygmäen in Melanesien und die Ayom in Neuguinea.

Der Name kommt von griechisch: *pygmē* = Däumling; sie werden schon in frühen ägyptischen Quellen aus dem 3. Jahrtausend v. Chr. und bei Homer und Herodot erwähnt und so genannt. Gemeinsam ist ihnen der Kleinwuchs (Männer durchschnittlich unter 150 cm), Dunkelhäutigkeit – wobei die asiatischen dunkler sind – und Kraushaar; sie stellen aber keinen einheitlichen Rassetypus dar. Prähistorische Pygmäenrassen sind bisher nicht nachgewiesen, sie weisen aber ein relativ hohes menschheitsgeschichtliches Alter auf und stehen auf der Stufe der »Holz- und Knochenkultur« bzw. der »Wildbeuter«, wobei die Männer mit Bogen und Pfeil, selten auch mit Speer als Jäger fungieren und die Frauen als Sammlerinnen von Insekten- und Pflanzenkost; ihr typisches Werkzeug ist der Grabstock.

Sie sind Nomaden, wohnen in einfachen Blätterhütten für nur wenige Nächte und halten eine strenge Arbeitsteilung und Monogamie ein, wobei die Gatten rechtlich gleichgestellt sind. Die Stämme (Großgruppen) bestehen aus zahlreichen kleinen Familiengruppen mit deutlicher Revierabgrenzung (das »Schweifgebiet« gilt als Eigentum der Gruppe; der Einzelne ist Eigentümer dessen, was er herstellt, erjagt oder findet). Es gibt keine »Regenten« oder Klassenschichtungen innerhalb der Groß- und Kleingruppen.

Insgesamt sind sie friedfertig, lieben Tanz, Gesang und mimische Spiele, haben aber bis auf die Aeta keine eigene Sprache bewahrt, sondern verwenden die jeweilige Sprache ihrer großwüchsigen Nachbarn.

Gott ist für die Bambuti ein persönliches, menschenähnlich aufgefasstes Wesen, das sie mit verschiedenen Namen (z. B. »Vater unserer Väter«) anrufen. Die himmlische Welt wird analog der irdischen vorgestellt; als Siedlung im Wald, der ihre Jagdgründe bedeutet. Man zollt dem Himmelsgott Achtung und Ehrerbietung, aber keinen Kult. Er kann niemals sterben, denn dann ginge alles zugrunde; in ihm wurzelt die Lebenskraft der Menschen, Tiere und Pflanzen. Menschliches Sterben bedeutet für die Pygmäen Entzug der Lebenskraft durch den Himmelsgott. Die Toten werden in der Erde bestattet, man glaubt an ein Weiterleben, kennt aber ihre Daseins- und Lebensweise nicht. Vor allem die afrikanischen Bambuti-Pygmäen haben eine reich entwickelte Mythologie, wie die folgende Urstandsmythe erkennen lässt:

Am Anfang war Mugasa; er schuf die Menschen und lebte mit den drei ersten Menschen, zwei Männern und deren Schwester – seinen Kindern – im Paradies. Die Menschen hatten dort alles zur Verfügung, kannten keine

Not und hatten den Tod nicht zu fürchten. Gott war unter ihnen und redete mit ihnen wie ein Vater mit seinen Kindern. Sie konnten und durften ihn aber nicht sehen. Er hatte ihnen ausdrücklich aufgetragen, nicht nach ihm auszuspähen. Er wohnte in einer Hütte, vor die ihm das Mädchen täglich einen Topf Wasser und Brennholz stellte.

Von Neugier geplagt, versteckte sich das Mädchen eines Tages hinter einem Baum, um den »Vater« zu sehen. Sie nahm einen mit glänzenden Reifen geschmückten Arm wahr, als Mugasa nach dem Wassertopf griff. Das Mädchen frohlockte innerlich, ohne sich jedoch durch einen Laut zu verraten. Gott aber hatte sie bemerkt und ließ seine drei Kinder vor sich kommen und hielt ihnen ihren Ungehorsam vor und dass er nun, wie er es ihnen angekündigt hatte, von ihnen fortziehen werde. Dadurch kämen Tod und Not unter sie, das Wild würde vor ihnen fliehen und sie könnten nur mühsam genug Nahrungsmittel zusammen bekommen.

All ihr Jammern und Bitten half nichts. Eines Nachts zog Mugasa flussaufwärts davon und wurde von den Menschen nicht mehr gehört. Dafür kam der Tod: Das erste Kind, das die Frau gebar, starb nach drei Tagen. Die Menschen hielten in ihrer Not nach dem verschwundenen »Vater« Ausschau und fanden ihn schließlich im Mond. Er war nach oben gezogen und wohnt hinter dem Mond.

Die Bambuti zollen zwar dem Himmelsgott (Mondgott) keine kultische Verehrung, wohl aber dem chthonischen Gott, der als Wald-, Jagd-, Wetter- und Buschgott gedacht wird. Er lebt mit den Menschen im düsteren Urwald und ist in die täglichen Sorgen einbezogen. Er wird mit dem Namen Mugasa angesprochen und als Schöpfer- und Vatergott behandelt, obwohl man weiß, dass dieser hinter dem Mond wohnt und unsichtbar ist. Diese irrationale numinose Vorstellung wird nicht rational hinterfragt, sondern man erfährt die Gegenwart Gottes in Gefühlen der Ergriffenheit, des Grauens oder Gruselns, in Ahnungen und Träumen und dem, was man dann Glück oder Unglück nennt.

Im Mittelpunkt des Bambuti-Glaubens steht die *Lebenskraft*, deren Quelle die Gottheit ist. Dieser Kraftglaube steht auch im Zentrum der Intiationsriten und des geheimen Jägerbundes, den die erwachsenen Männer bilden; hier finden sich auch Elemente eines Totemismus und Dynamismus, aber auch einer gewissen magischen Praxis.

Autorität hat bei den Bambuti, wer sich als Träger der geheimnisvollen Kraft ausweist. Nach dem Tod bleibt ein Teil seiner Kraft im Totem und kommt so allen Angehörigen der Gruppe zugute. Es gibt auch »schwarze Magie«, die von asozialen »Hexern« ausgeübt und von den Gruppen abgelehnt wird, weil sie die Lebenskraft und den Frieden zerstört.

Träume sind für die Bambuti Erlebnisse der Seele, in denen der Träumende Verstorbenen begegnet und Jagderlebnisse im Traum als Wirklichkeiten. Daraus ergibt sich eine »Dreiteiligkeit« der Seele: die vergängliche »Schattenseele«, das totemistische Kraftprinzip und die nachtodliche Totenseele, die als Stern am Himmel aufgefasst wird, aber auch als Waldkobold mit den Lebenden Schabernack treibt. Die Bambuti haben aber keinen Totenkult.

Die Mythen geben Antwort auf Fragen nach dem Ursprung von Himmel, Mond und Sternen, Welt, Menschen und Tod – und überall ist Gott der schöpferische Urvater, Urahn, Heilbringer und Herr, dem man eine ehrerbietige Haltung entgegenzubringen hat.

Die beiden folgenden von Paul Schebesta festgehaltenen Berichte über religiöse Feiern der Negrito-Pygmäen sind Beispiele dafür, wie sehr die lebendigen Mythen helfen können, dass die Vorstellungen über den GLAUBEN DER URMENSCHEN nicht blutleer und abstrakt bleiben, sondern deutlich machen, das die Menschen auch vor Zehntausenden Jahren bereits seelenvolle Wesen waren, die durch ihre Umwelt immer wieder herausgefordert wurden, Kraft- und Intelligenzproben abzulegen, und die all das in Bilder und Symbole fassten, was sie noch nicht verstehen konnten. Wo sie sich von stärkeren Mächten abhängig fühlten, nahmen sie Zuflucht zu allerlei magischen Praktiken – einen winzigen Teil der dabei verwendeten Gegenstände haben wir als »stumme Dokumente« gefunden und versuchen daraus, eine Vorgeschichte zu rekonstruieren, um daraus für unser eigenes Glaubensverständnis zu lernen.

Opferfeier der Hambal-Aeta (Philippinen)

Außerhalb der Siedlung versammeln sich am späten Abend unter dem Sternenhimmel die Einwohne und Gäste auf einem freien Platz. Sechs Häufchen von Reis, Bohnen, Kamotewurzeln usw. haben Frauen auf einer Matte bereit gestellt. Davor qualmten zwei mächtige Wachsfackeln. Es herrschte heilige Stille. Einer der Ältesten (sie bildeten den innersten Kreis um die Gaben) beugte sich so nach vorne, dass sein Gesicht auf dem Boden zu liegen kam. Er stellte ***Apo Katawan*** (= Vater Katawan) *dar, den Vatergott der Hambal-Aeta. Ein Murmeln aller Anwesenden, das immer lauter wird, sollte darauf Apo Katawan bewegen, die dargebrachten Gaben gnädig anzusehen. Er rührte sich aber nicht. Da packten ihn die zwei zunächst Sitzenden und brachten ihn in den Hocksitz. Jetzt endlich blickte er die Gaben der Reihe nach an und lächelte stumm. Darauf krochen verschiedene Bittsteller vor Apo Katawan und trugen ihm Dank und Bitten vor. Und jetzt redete »Gott« mit ihnen und beantwortete auch Fragen über die Zukunft.*

Panohfeier der Semang-Negritos *(Malaya)*
Die Semang nennen ihren Gott ***Ta Pedn*** (Vater Pedn), *er thront am Firmament auf einer bunten Matte, die auf der Brücke ausgebreitet ist, über die die Sonne jeden Tag von Osten nach Westen wandert. Neben ihm sitzt seine Frau* ***Dschamoi****. Bei der Panohfeier werden zeremonielle Gesänge an die* ***Cenoi*** (= winzige Lichtwesen wie Elfen) *gerichtet, die in Blumen wohnen. Jeden Morgen weckt die Sonne mit ihren warmen belebenden Strahlen die Cenoi, die Wesen in den Blüten. Die Blütenkelche öffnen sich und unter Händeklatschen und Gesang steigen die Cenoi aus den Blumen hinauf zu Ta Pedn, um ihm zu Diensten zu sein – oder sie gehen zu den Menschenkindern, um mit ihnen zu spielen, denn sie sind Freunde der Menschen. Bei der Panohfeier bekränzen sich die Frauen und Kinder mit Blumen und allerlei Schmuck und singen die anmutigen Cenoi-Weisen, die vom Priestermedizinmann und seinem Gehilfen angeführt werden.*

Der Glaube der Aborigines in Australien

Im Herzen des Inselkontinents Australiens liegt der riesige rote Monolith Ayer's Rock, den die Ureinwohner **Uluru** nennen. In der Eiszeit bildete Australien durch Eisbrücken eine

Einheit mit Tasmanien im Süden und mit Neuguinea und Indonesien im Norden und stand auf diese Weise in Verbindung mit der Südspitze Asiens. Auf diese Weise konnte der **Homo erectus** bei seiner weltweiten Expansion auch diesen Teil des Planeten besiedeln.

Man fand menschliche Spuren, die belegen, dass es seit mehr als 100.000 Jahren Menschen in Australien gab. Und neueste Funde von Skeletten, Steinwerkzeugen und Felszeichnungen lassen sogar vermuten, dass sich hier früher als anderswo der **Homo sapiens** entwickelt hat, der in etwa bereits dem heutigen Menschen glich.

In Australien leben heute noch die Abkömmlinge der Ureinwohnen, die man deshalb (lat. ab origine=von Anfang an) **Aborigines** nennt. Heute gibt es etwa eine Viertelmillion, die zu einem kleinen Teil in einigen Reservaten in der traditionellen Art und Weise leben, sich zum größeren Teil aber in die moderne Zivilisation integriert haben und in den Städten wohnen.

Seit der Holländer Willem Jansz im Jahre 1606 Australien entdeckte und Neuholland nannte und der englische Pirat und Entdecker William Dampier 1688 als erster Europäer nachweislich den Kontinent im Nordwesten betreten hat und in seinen Tagebüchern über seine Erlebnisse berichtete, bildete sich das Vorurteil, dass diese Ureinwohner Australiens »die elendsten Menschen der Welt seien, ohne Kleidung und ohne Häuser, hässlich und vom Tier kaum zu unterscheiden«. »Menschen ohne Kultur und Religion« war ja auch das Urteil Darwins, wie wir im Zusammenhang mit den Yamanas gesehen haben.

Dieses Vorurteil floss auch in die Wissenschaft ein und hielt sich bis in unsere Tage hartnäckig – obwohl es unkritisch die eigene Kulturstufe absolut setzt und damit das Verständnis für die Andersartigkeit bzw. andere und frühere Kulturstufe dieser Menschen verbaut. Allmählich setzt sich heute die Erkenntnis durch, dass die Kategorie »primitiv« unangebracht ist, weil dieser Begriff (der eigentlich »ursprünglich« oder »urtümlich« bedeutet) negativ besetzt ist und mit »niedrig«, »roh«, »zurückgeblieben« gleichgesetzt wird, daher für solche Menschen, die eine frühe Kulturstufe lebendig gehalten haben und sich ein sehr solidarisches, ehrfürchtiges Verhalten gegenüber der Natur – den Tieren und Pflanzen, aber auch den Jahreszeiten, dem Wetter, eben allen naturhaften Zusammenhängen gegenüber – bewahrt haben, fehl am Platz ist.

So spricht man heute eher von **Stammeskulturen** und verwendet jedenfalls den Begriff Naturvölker viel sensibler, d. h. im Bewusstsein, dass Steinzeitmenschen durchaus Kultur hatten und eine Kulturentwicklung aufweisen – dass diese aber »anders« strukturiert war und vielleicht auch »langsamer« verlief als bei uns.

Hans Küng meint dazu: »Anthropologen unserer Tage haben festgestellt: Die Aborigines haben von Zeit zu Zeit Rituale und Gesänge, aber auch künstlerische Stilmittel und Techniken von anderen Stämmen übernommen. Sie haben neue heilige Gegenstände entdeckt und haben ihre Mythen veränderten Gegebenheiten angepasst. Und wenn sie auch Werkzeuge aus Stein benutzen, so leben sie doch nicht in der Steinzeit ... So haben ihre Kulturen auch die 200 Jahre Unterdrückung durch die Europäer überlebt, manchmal in der ursprünglichen, manchmal in veränderter Form. Im Herzen Australiens, im größten Trockengebiet der Südhalbkugel zu *überleben,* bedeutet: mit der Natur, mit Flora und Fauna, bis ins letzte vertraut sein. Die Kenntnis des Feuers, Steinwerkzeuge und Geräte hatten die Ureinwohner wohl schon von Asien nach Australien mitgebracht. Unter der Erdkruste Australiens finden sich noch immer die riesigen Wassermassen aus den eiszeitlichen Regenzeiten. Aber nur an ganz bestimmten, oft verborgenen Stellen tritt das Wasser an die Oberfläche. Diese lebenswichtigen Wasserstellen sind die Markierungspunkte auf der ungeschriebenen Landkarte der Ureinwohner. Sie ziehen als Halbnomaden jedes Jahr Hunderte von Kilometern umher, um zur richtigen Zeit am richtigen Ort Wasser, aber auch Früchte und Tiere als Nahrung zu finden.«

Wie wir es aus der europäischen Eiszeit und von den neolithischen Zeugnissen kennen, gibt es auch bei den Aborigines eine deutliche Arbeitsteilung: die Frauen sind Sammlerinnen – die Männer sind Jäger. Beide aber sind perfekte Naturkenner und lehren schon die Kinder, sich in der Natur zurechtzufinden. Politisch und rituell aber dominieren die Männer. Die alten Männer sind die Hüter des Gesetzes. Die entscheidenden

Riten und besonders schwierige Heilungen sind Männersache – obwohl auch die Frauen große Heilkräfte haben. Vieles davon ist in der sehr eigenständigen **Mythologie** der Aborigines enthalten.

Die Aborigines waren für die Religionswissenschaftler so etwas wie ein »Testfall«. Die beiden Grundtheorien über den Ursprung der Religion: Animismus (zuerst Magie, dann Religion) und Urmonotheismus (zuerst Religion, dann Verflachung zu Polytheismus und Magie) bedienten sich vielfach der in Australien gewonnenen Forschungsergebnisse. Der Streit ist längst beendet, und man spielt nicht mehr die eine Theorie gegen die andere aus, sondern sieht das »Magische« und das »Gläubige« als zwei verschiedene Strukturen (jeweils mit Abstufungen), die einander nicht ausschließen, sondern durchdringen.

Der wahrscheinlich beste Kenner zumindest der zentralaustralischen Stämme ist Prof. T. G. H. Strehlow. Er verbrachte seine Jugend unter den *Aranda* östlich des Uluru, hat zahlreiche religiöse Zeremonien dokumentiert und gibt folgende Antworten auf die Frage nach dem Glauben der Aborigines:

Himmel und Erde sind **ewig** und haben ihre je eigenen **übernatürlichen Wesen**.

Es gibt Stämme, die an einen **Großen Vater** glauben, den sie gelegentlich »Ewige Jugend« nennen, weil ihm wie allen Himmelsbewohnern **Unsterblichkeit** eigen ist.

Er darf aber nicht mit dem immateriellen, transzendenten Gott der Bibel verglichen werden, sondern hat Frau und Kind, wird mit Emu-Füßen vorgestellt, und die Geschehnisse auf Erden berühren ihn nicht weiter. Es gibt auch nirgendwo eine kultische Verehrung des Großen Vaters.

Die großen **Ahnengeister der Urzeit** haben die Erde geformt; sie sind aus dem Boden gekommen, nicht vom Himmel, und hatten menschliche oder tierische Gestalt. Auf langen **Wanderungen** haben sie die Landschaft **gestaltet** und alle Lebewesen in ihr. Die großen Ahnenwesen jagten, lagerten, liebten und kämpften wie die Menschen und vollzogen an bestimmten Stellen Rituale. Sie teilten das Land den einzelnen Stämmen und Gruppen zu und tauchten dann wieder in die Erde ein, versanken im Wasser oder wurden in den Himmel erhoben.

An den **Menschen** liegt es nun, die Erde in der von den Ahnen geformten Gestalt und Reinheit zu **bewahren**, das Land zu schonen, möglichst wenig gewaltsam zu verändern, denn das Land ist durch die Ahnen geheiligt und der Mensch soll in der sichtbaren Welt – in der das Ewige unsichtbar präsent ist – die von den Ahnengeistern in sie hineingelegten ethischen, sozialen, religiösen und rituellen **Gesetze** *(Tschukurpa)* erkennen und vollziehen. Das ist die eigentliche Bedeutung der **Traumzeit**, von der viel geredet wird, die aber weder eine vorlogische noch eine fantastische oder mythische Sphäre meint, sondern es ist für die Aborigines »das Allerrealste, in welchem Vergangenheit, Gegenwart und Zukunft eine unauflöslichre Einheit bilden – das Ewige finden die Aborigines im Zeitlichen: in der Natur, die voll übernatürlicher Geheimnisse ist«.

Vom **Tschukurpa (= Urgesetz)** sagen sie selbst: *»Tschukurpa wurde uns gegeben durch unsere Großväter und Großmütter, unsere Väter und Mütter, um uns daran zu halten in unseren Köpfen und in unseren Herzen.«*

So ist jeder Einzelne erfüllt von der ewigen ungeschaffenen Lebenskraft, die in allen Dingen und Gesetzen wirksam ist und ihn in der Ewigkeit verwurzelt; sie ist die Quelle seiner Identität und eines hohen Selbstwertbewusstseins.

Die Aborigines sind auf diese Weise sehr **verinnerlichte, meditative Menschen**. Für sie ist der ganze Lebenslauf eine ununterbrochene Folge von Zeremonien, Tänzen und Ritualen, die um den überkommenen **Mythos** kreisen. Dabei geht es nicht um rational einsichtiges Wissen, sondern um Bilder, Erzählungen und Riten, in denen sich die ursprüngliche heilige Ordnung der Dinge äußert, die nicht verletzt werden darf.

Darin haben dann auch die **Felszeichnungen** ihren »Sitz im Leben«: Es sind jahrtausendealte Symbole, unter denen konzentrische Kreise und Linien immer wiederkehren. *Kreise* stehen für Wasserlöcher, Lagerplätze, Feuerstellen, bestimmte Bäume und sind das »statische Element«. *Linien* stehen für Wege, Wasserläufe, Speere, Blitze und bilden das »dynamische Element«. Die tiefste Bedeutung all der Bilder, Zeichnungen und vielfältigen Übermalungen wird geheim gehalten. Das gilt auch für die Tschurungas (verzierte Steine und Hölzer), von denen weiter oben schon die Rede war.

Es ist eine tiefe Überzeugung: Was gut ist, stammt aus der **Urzeit** und soll bewahrt werden. Diese Urzeit war aber keineswegs eine »heile Welt«. Da gab es wie heute Gut und Böse, Liebe und Streit. Die Ahnenwesen sind daher keine moralischen Vorbilder. Es ist Ausdruck des ewigen Kampfes der Riesenschlange **Kuniya** mit **Liru**, dem Giftschlangen-Mann:

Die Schlangen-Frau Kuniya kam zum Uluru, um ihre Eier zu legen. Ihr Neffe aber hatte eine Schar von Liru-Giftschlangen so erzürnt, dass diese Speere nach ihm warfen und ihn schließlich tödlich trafen. Die Spuren der Fehlwürfe werden heute noch in Löchern und Spalten des Uluru gesehen. Als Kuniya das erfährt, wird sie traurig, dann erhebt sie sich zu einem machtvollen Tanz, speit Gift in den Sand und hebt dann ihren Hackstock und erschlägt Liru. Dann bringt sie ihren erschlagenen Neffen zum Wasserloch heim, wo heute noch die Ahnenschlange um Regen gebeten wird.

Die **Körperbemalung** der *Walpiri*-Frauen (Wohngebiet im Norden des Uluru) mit Ocker, Lehm und Asche für einen Initiationstanz soll ihnen eine neue Haut geben, d. h. eine neue Persönlichkeit. Man bemalt sich und einander unter Gesang und tanzt, indem man weiter singt. Und es spielt dabei sicherlich auch die Sexualität als Ausdruck der Einheit des ewig männlichen und ewig weiblichen Prinzips und natürlich der ewigen Lebenskraft, sich bereits in den Ahnengeistern manifestierte und seither in allen Menschen wirkt, eine große, aber für Außenstehende im religiösen Kern schwer verständliche Rolle

Dr Glaube an eine **totemistische Verwandtschaft** einzelner Menschen mit Tieren oder Pflanzen und auch untereinander ist sehr verbreitet. Solche Abstammungstiere haben Schutzgeist-Funktion und schaffen sowohl enge **Bindungen** wie deutliche **Tabus** mythologischer – nicht biologischer Art!

Die Aborigines unterscheiden eine sterbliche und eine unsterbliche Seele. Letztere stammt von einem Urwesen, die sich an einem bestimmten Ort dem Embryo einer Schwangeren einpflanzt und so etwas wie ein »individuelles Totem« darstellt. Auf diese Weise verwandt gewordene Tiere darf man nicht jagen, verwunden oder gar töten, sie werden aber vielfältig dargestellt, besungen und gefeiert.

Der Glaube der Urmenschen

Wir haben – auf der Basis der ältesten Funde und der daraus von der Vorgeschichtsforschung gezogenen Schlüsse beziehungsweise aufgestellten und diskutierten Hypothesen – einen gewissen Überblick über die Anfänge der Menschheit gewonnen und können nun darangehen, die Frage nach dem GLAUBEN DER URMENSCHEN zusammenfassend zu beantworten.

Ein Resümee

An den Beginn dieses Antwortversuchs steht die Meinung eines Außenseiters, der sich von einer ungewöhnlichen Perspektive aus der Frage nach den Anfängen des Menschen und seiner Religion stellt. Es ist der Wiener Maler des Phantastischen Realismus *Ernst Fuchs*, der in einem Vorwort zum Bildband »Karl Gröning: Geschmückte Haut. Eine Kulturgeschichte der Körperkunst« einen bedenkenswerten Beitrag zum Verständnis des Glaubens der Urmenschen leistet:

> *Vor unzähligen Jahrtausenden trat der Mensch aus seiner ihm vorgegebenen Natur heraus, indem er sich selbst gestaltete, um als Kunstwerk in seiner Welt zu erscheinen, um ein nicht natürliches Wesen zu sein, um eine Übernatur zu verkörpern, die seine Vorstellung vom Selbst als Dämon, als Geist und als Engel zum Ausdruck brachte. Dieser Wesenszug ist dem Menschen auch in den Kulturen der Neuzeit bis in unsere Tage zu eigen.*
>
> *Der magische, künstlerische Umgang mit bildnerischen Mitteln ist meiner Anschauung nach der Anfang der Religion, Magie, Liturgie, Kunst und Menschenwelt im allgemeinen. Fast alle diese Traditionen sind noch immer lebendig vorhanden, werden gepflegt, durchlaufen Moden und erfahren vielfältige Veränderungen ... Unbegreiflich dem Europäer: Selbsterkenntnis in bildhafter Form – ein Weg der Magie, der weit über das irdische Leben hinausführt ... in die ewige Gestalt des Individuums Mensch. Das vorliegende Buch zeigt uns einen eindrucksvollen Bericht über diesen primären Aspekt der Kreativität des Menschen und ermöglicht uns, die einzigartige Stellung dieses Wesens auf unserem Planeten zu erkennen.*

Folgende Aspekte scheinen bedenkenswert zu sein: der Aspekt der Zeit, der vorgegebenen Natur, der Übernatur und des menschlichen Selbst.

Der Aspekt der ZEIT: Ernst Fuchs spricht von »unzähligen Jahrtausenden«, die Vorgeschichtsforschung von »mehreren Millionen Jahren«, die Mythen und Offenbarungen lassen die Frage nach dem Zeitrahmen offen, wenn sie Geschichten von den Anfängen erzählen. Die Religionswissenschaft stellt fest, dass »das Auftreten der Vorläufer des homo sapiens aufgrund paläontologischer Entdeckungen zeitlich weiter und weiter zurück verlegt werden musste«. Es herrscht also eine deutliche Übereinstimmung darüber, dass es sich um weite Zeiträume handelt, deren zeitliche Erstreckung aber unbestimmbar bleibt. Diese Unbestimmbarkeit blieb z. B. trotz der Erfindung der Radiocarbonmethode (Messung aufgrund der Halbwertszeit des radioaktiven Kohlenstoffisotops C 14) aufrecht, weil der Fehlerfaktor bei den in Frage stehenden Zeiträumen gewaltig ist und in Anbetracht der bloß 5.000 Jahre belegbarer menschlicher Geschichte die in Frage stehenden Zeiträume unvorstellbar bleiben.

Der Aspekt der VORGEGEBENEN NATUR: Der Mensch ist kein Produkt der Evolution, das sich ganz einfach aus dem Vorgegebenen entwickelt hat, er ist aber auch kein Fremdling, der irgendwann und irgendwo in diese irdische Lebenswelt implantiert wurde, sondern er ist Gast auf Erden, d. h. seine eigentliche Heimat ist anderswo (in geistigen, jenseitigen Bereichen); trotzdem kann er als die »Krone der (irdischen) Schöpfung« bezeichnet werden, weil er nicht gegen die irdische Evolution, sondern (was seine Körperlichkeit betrifft) in ihrem Rahmen geschaffen worden ist und – im Sinne Teilhard de Chardins und der Botschaft von »Geist, Kraft, Stoff« – das Ziel beziehungsweise den Finalsinn (vgl. die Begriffe Noosphäre bzw. Lernplanet) der Erdentwicklung darstellt. Das Übergangsfeld vom Tier zum Menschen stellt so gesehen keinen Gegensatz zur Schöpfungslehre dar, sondern ist eine logische (im Sinne von: dem Logos gemäße) Erklärung der Hominisation (Menschwerdung).

Der Aspekt der ÜBERNATUR: Der Mensch ist zwar seiner Leiblichkeit nach ein Kind der Mutter Natur – »aus Staub geworden und zum Staub zurück kehrend«, wie es in der Liturgie des Aschermittwoch heißt –, aber er transzendiert (= übersteigt) ständig diese irdische Natur – und damit auch alle paläontologischen Funde und Erklärungsversuche –, weil sich sein Wesen nicht im Körperhaften erschöpft; er *hat* einen Körper, *ist* aber nicht Körper. Wenn er diese Erde verlässt (Sterben und Tod), legt er seinen der irdischen Lebenswelt adäquaten Körper ab, lässt ihn auf der Erde zurück und existiert fortan in seiner ursprünglichen, unzerstörbaren psycho-noetischen Dimension – was Ernst Fuchs mit den Wörtern Dämon, Geist, Engel bzw. mit Übernatur ausdrückt und was ihn zur Aussage veranlasste, dass der Mensch »vor unzähligen Jahrtausenden aus seiner ihm vorgegebenen Natur heraustrat und sich selbst gestaltete, um ein nicht natürliches Wesen zu sein und eine Übernatur zu verkörpern«. Diese Sichtweise des Menschen lässt sich – bei allen Nuancen im Detail – in allen Weltreligionen aufzeigen, daher scheint der Schluss nahe liegend zu sein, sie auch als Basis-Vorstellung für den Glauben und die Religion der Urmenschen anzunehmen.

Der Aspekt des menschlichen SELBST: Als Geschöpf des ewigen, geistigen Gottes ist der Mensch übermateriell oder immateriell, ein *spiritual being* (= Geistwesen), wie sich der bekannte englische Anthropologe E. B. Tylor im Zusammenhang mit seiner Animismus-Lehre ausdrückte – aber auch die jenseitigen »Autoren« von »Geist, Kraft, Stoff«. Jesus Christus verwendete zur Erklärung dieses Sachverhalts das »Gleichnis vom verlorenen Sohn« (Lukas 15,11–32), der mit seinem Vater brach, in die Welt hinauszog, um selbstständig zu werden, in der Not der Gottferne seine Schuld und Verlorenheit erkannte, sich bekehrte und auf den Rückweg »zurück ins Vaterhaus Gottes« machte, wo er mit Freuden als Geläuterter und Gereifter aufgenommen wurde. Ernst Fuchs spricht davon, dass der Mensch lernte, »seine Übernatur zu verkörpern« – d. h. sein dämonisch-geistig-engelhaftes Selbst zum Ausdruck zu bringen – und dass sich dies bis heute in allem, was wir Kultur nennen, weiterhin ereignet; er sieht darin »den Anfang der Religion, Magie, Liturgie, Kunst und Menschenwelt im allgemeinen«.

Religio perennis

Im Sinne des im 16. Jh. von Augustinus Steuchus geprägten Wortes der *philosophia perennis* als der »Übereinstimmung der aus Uroffenbarung und Philosophie stammenden Weisheit der alten Völker mit der christlichen Lehre« bzw. der von Aldous Huxley ebenfall als philosophia perennis so genannten »konvergierenden religiösen Weisheit aller Kulturen« ist im »Glauben der Urmenschen« das zu allen Zeiten und in allen Religionen wahrnehmbare Wissen des Menschen um seinen die irdische Lebenswelt transzendierenden Ursprung zu sehen. Ebenso die ihn tragenden und beeinflussenden numinose (= unsichtbaren göttlichen) Kräfte, die sich in bestimmten irdischen Phänomenen oder Erfahrungen als »heilig« manifestieren. Ebenso das Bestreben des Menschen, durch bestimmte Verhaltensweisen und Äußerungen (Riten und Gebete) auf diese Erfahrungen des Numinosen zu reagieren und sich bewusst mit seinem transzendenten (himmlischen) Ursprung zu verbinden und sich ihm schrittweise durch spirituelle Arbeit an sich selbst anzunähern. Darin kommt das wahre Wesen der Religion (latein. *religio* = Rückverbindung, Wiedererwählen) zum Ausdruck, deren Ziel die Verbindung und Wiedervereinigung (Einswerdung) mit dem Schöpfergott ist.

Die konkreten Details einzelner Religionen – also Gottesvorstellungen, Gebete, Riten, Erscheinungsweisen des Heiligen, religiöse Traditionen, Gebote usw. – sind bei der *religio perennis* wie bei der *philosophia perennis* nicht das Wesentliche, sondern treten gegenüber dem Allgemeingültigen und allen Religionen Gemeinsamen in den Hintergrund. Es geht um die bleibende Kontinuität des religiösen Bewusstseins und um die bleibende Gültigkeit religiöser Wahrheiten.

Das Wissen um die *religio perennis* ist im Hinblick auf die fast durchwegs »stummen Zeugnisse« der verschiedenen Funde aus schriftloser, vorgeschichtlicher Zeit für Rückschlüsse auf den Glauben der Urmenschen in besonderer Weise hilfreich – während es z. B. bei einzelnen Weltreligionen helfen kann, Wesentliches (Bleibendes) von Unwesentlichem (Veränderbarem) zu scheiden.

Der Religionswissenschaftler Kardinal Franz König formuliert es so: »*Überall und zu allen Zeiten haben sich Menschen bittend und suchend an ihren Gott oder ihre Götter gewandt. Überall, wo Menschen uns Zeichen, Denkmäler ihres Lebens hinterlassen haben, sehen wir Beweise dafür, dass sie ihrem Gott geopfert und ihn um Hilfe angefleht haben. ... Das heißt, der Mensch hat Religion nicht erfunden, sondern sie gehört zu seinem Leben in allen möglichen Formen, in allen Weisen seines Daseins, besonders in den Tiefpunkten und Höhen. In solchen Augenblicken erlebt der Mensch etwas Absolutes. Der menschliche Geist ist so strukturiert, dass er auf ein Absolutes hin gerichtet ist; gleichsam ein Ort für den Menschen, an den er unvermeidlich etwas stellen muss – mag er dies praktisch, ohne es für sich zu erfassen, in seinem Leben, oder denkend auch für sein Bewusstsein real tun. Ohne Zweifel folgt aus dem Kreaturbewusstsein des Menschen in verschiedener Form und Stärke jener Drang, der aus dem Reiche des Vergänglichen hinüber weist in ein Unvergängliches.*«

Und auch das II. Vatikanische Konzil findet Formulierungen, die als Beschreibung der *religio perennis* verstanden werden können: »*Von den ältesten Zeiten bis zu unseren Tagen findet sich bei den verschiedensten Völkern eine gewisse Wahrnehmung jener verborgenen Macht, die dem Lauf der Welt und den Ereignissen des menschlichen Lebens gegenwärtig ist, und nicht selten findet sich auch die Anerkennung einer höchsten Gottheit oder sogar eines Vaters.*«

Was stand am Beginn: Animismus oder Urmonotheismus?

Seit sich die Religionswissenschaft an den Auseinandersetzungen über die Bedeutung der fossilen Funde der Vorgeschichtswissenschaft beteiligt, gibt es hinsichtlich der Urreligion verschiedene Standpunkte und Hypothesen, deren Vertreter mit viel Scharfsinn die insgesamt doch sehr spärlich vorhandenen Dokumente des Glaubens der Urmenschen interpretieren und die folgenden neun Theorien über den Ursprung der Religion aufgestellt haben:

1. **Naturmythologie:** A. Kuhn und M. Müller gehen von Naturphänomenen wie Gewitter (Blitz, Donner, Sturm, Regen), Gestirne (Himmelserscheinungen) oder von den vier Elementen (Erde, Wasser, Feuer, Luft) aus und nehmen an, dass die naive Phantasie der Urmenschen davon ungeheuer beeindruckt wurde und sie diese Phänomene in Richtung Personifizierung *divinisiert* (= vergöttlicht) haben. Durch die erlebte Abhängigkeit von der Natur kam es zur Ausbildung einer religiösen Verehrung der Naturkräfte in Form von Gottheiten und damit zur polydämonistischen bzw. polytheistischen Religionsentwicklung.

2. **Astralmythologie:** Ihr Begründer E. Siecke hob unter dem Eindruck der überwältigenden archäologischen Funde in Mesopotamien die mythenbildende Kraft der Gestirne (vor allem des Mondes und der Sonne) und deren Bewegungen am Himmel hervor und meinte – von den Astralmythen der Mesopotamier ausgehend (»Pan-Babylonismus«) –, dass in der Erfahrung der Kraft der Sterne der Wurzelgrund jeder Religion zu sehen ist. Wegen der deutlichen Rückprojektion von Einsichten der Menschen einer Hochkultur in die Frühzeit der Menschheit ist diese Hypothese als unzulässige Verallgemeinerung praktisch aufgegeben.

3. **Manismus:** Der englische Soziologe H. Spencer hat den Totenkult für Häuptlinge und Kulturheroen wegen seiner weltweiten Verbreitung als Ausgangspunkt jeder Religion erklärt. Ein Teil des Menschen (Seele oder Seelenteile) überlebt den Tod des Körpers, und die Hinterbliebenen organisieren für die Seele des Verstorbenen einen Kult (Bestattungsritual, Anrufung, Verehrung, Opfer etc.), aus dem sich ein Geister- und Ahnenglauben und dann in weiterer Folge durch Divinisierung alle Religionsformen entwickelt haben.

4. **Animismus:** Der bekannte Ethnologe E. B. Tylor ging vom abendländischen Seelenbegriff (körperlos existierende Geistwesen) und den Ackerbau-Kulturen der Jungsteinzeit aus und meinte, dass die Urmenschen die gesamte Natur als beseelt, d. h. von guten, aber auch bösen Geistern durchwaltet und gesteuert sahen, mit denen der Mensch Kontakt aufnehmen

kann, um sie für seine Ziele zu gewinnen oder sich vor ihnen zu schützen. Daraus entwickelten sich weitere Theorien (siehe Fetischismus, Totemismus), aber auch ein einheitliches animistisches Weltverständnis, das als Wurzelgrund der Religionen angesehen wurde.

5. Animalismus: In den altsteinzeitlichen Jägerkulturen und auch noch in den jungsteinzeitlichen Hirtenkulturen gelten Tiere – von denen die Menschen leben (Fleisch, Pelz, Häute, Knochen, Sehnen, Hörner usw.) – als beseelte und *numinose* (= kraftgeladen, heilig) Wesen, die als Einzelne und besonders als Gattungen von »Herren der Tiere« (Gottheiten, Naturgeistern) geleitet werden und durch ihre Andersartigkeit, Kraft, Schnelligkeit usw. eine Überlegenheit besitzen, die der Mensch als Erscheinungsform des Göttlichen erkennt und verehrt. Daraus entwickelt sich eine vielschichtige kultische Verehrung von Tieren. Besonders im Zusammenhang mit »Opfern« haben die Tiere auch ohne ausgeprägten Animalismus große religiöse Bedeutung als Opfergaben.

6. Totemismus: E. Durkheim hat den Glauben an die geheimnisvolle Verwandtschaft einer Menschengruppe (Clan) mit einer Tiergattung (Totem) und das sich daraus ergebende rituelle Verhalten bzw. davon angängige Tabuisierungen als elementare, religionsstiftende Kraft gesehen. Bestimmte Formen des sehr komplexen Totemismus (oft gar nicht exakt von Tier- und Ahnenkulten und von gewissen Ausprägungen des Geisterglaubens abzugrenzen) sind tatsächlich sehr weit verbreitet, bilden aber eher elementare Formen der menschlichen Vergesellschaftung – also des sozialen Gruppenverhaltens – als den Ursprung von Religionen.

7. Fetischismus: Ausgehend vom Glauben an die »Lebenskraft« bzw. vom Glauben an mit übermenschlicher Kraft »geladene« Gegenstände (von »Medizinmännern« durch rituelle Handlungen »aufgeladen«) ist der Fetischismus eine bestimmte Form des Geisterglaubens oder der Magie: Der Mensch kann sich durch Opfer oder durch weiße und schwarze Magie der besonderen Kraft bedienen, die in gewissen Gegenständen konzentriert wurde. Der Fetischismus ist besonders in Afrika, aber auch in Südamerika, Melanesien usw. weit verbreitet (besonders in der Form des Amuletts oder Talismans). Von A. Comte, E. B. Tylor oder J. Lubbock wurde der Fetischmus als Entwicklungsstufe der Religionsentwicklung angesehen, wird heute aber kaum noch so gesehen.

8. Dynamismus (Magie, Zauber): J. Frazer und J. Lévy-Bruhl sahen in der Irrationalität der Magie und des Zaubers eine besondere Nähe zur transrationalen Dimension des Glaubens und der Religion. Der Glaube an eine geheimnisvolle, numinose Kraft (»Mana«), deren sich der Wissende durch verschiedene Riten, aber auch durch das Gebet, durch »Heilszeichen« (z. B. Sakramente) usw. bedienen kann, ist tatsächlich verwandt, ähnlich oder ident mit religiösen Vollzügen – aber auch mit Aberglauben bis hin zur Hexerei. Das wird oft nicht genau unterschieden, was zu dynamistischen Überlagerungen auch hochentwickelter Religionen führen kann, die dann einer entmagisierenden Erneuerung bedürfen.

9. Präanimistischer Monotheismus: Vor allem W. Schmidt (»Vom Ursprung der Gottesidee«) und seine Schüler interpretierten das reiche Material der jahrzehntelangen Feldforschung der Wiener religionswissenschaftlichen Schule (z. B. Gusinde und Koppers) bei Naturvölkern und Stammesreligionen als Belege für einen ursprünglichen, meist kultlosen Urmonotheismus und Hochgottglauben, der vielfach verflachte oder von magisch-religiösen Auswüchsen überlagert wurde.

Die Frage nach dem Ursprung der Religion ist nicht mit einem »Ismus« zu beantworten, da das Fehlen schriftlicher Dokumente die wenigen vielleicht religiös relevanten Zeugnisse, die vom Glauben der Urmenschen erhalten blieben, zum Schweigen verurteilt und alles, was trotzdem darüber gesagt wird, als Mutmaßung klassifiziert. Es ist aber nicht anzunehmen und wird durch keinerlei plausible Gründe nahegelegt, dass die Urmenschen »ohne Glauben und Religion« waren.

Verwendete Literatur

Charroux, Robert: Phantastische Vergangenheit. Die unbekannte Geschichte der Menschen seit hunderttausend Jahren, Frankfurt/Main.

Eggenstein, Kurt: Der Prophet Jakob Lorber verkündet bevorstehende Katastrophen und das wahre Christentum, Bietigheim 4. Aufl. 1979 (»Ist der Evolutionismus eine wissenschaftlich fundierte Theorie?« S. 331–374).

Eliade, Mircea: Geschichte der religiösen Ideen. Bd. 1. Freiburg/Br. 1978 (Kapitel »Am Anfang … Magisch-religiöse Verhaltensweisen des Altsteinzeitmenschen – Paläolithikum«, S. 15–37; Kapitel »Die längste Revolution – Die Entdeckung des Ackerbaus – Mesolithikum und Neolithikum«, S. 38–61; Kapitel »Megalithe, Tempel, Kultzentren«, S. 113–134).

Die ersten Menschen – Die Frühzeit des Menschen, TIME-LIFE-Bücher, hrsg. v. Hans-Heinrich Wellmann 5.A. 1979.

Gröning, Karl: Geschmückte Haut. Eine Kulturgeschichte der Körperkunst, München 1997.

Hardon, John A.: Gott in den Religionen der Welt, Luzern 1967 (Kapitel »Vergleichende Religionskunde«, S. 9–11 und »Die Primitive Religion«, S. 23–42).

Hemleben, Johannes: Teilhard de Chardin. In Selbstzeugnissen und Bilddokumenten, Reinbek 9. Aufl. 1975.

Hierzenberger, Gottfried: Beiträge »Der Glaube der ältesten Menschen« (S. 17–36) und »Der Glaube in vorgeschichtlicher Zeit« (S. 37–65) in: Franz König (Hrsg.): Der Glaube der Menschen, Wien 2. Aufl. 1994.

Hierzenberger, Gottfried: Der magische Rest. Ein Beitrag zur Entmagisierung des Christentums, Düsseldorf 1968.

Holl, Adolf, Religionen, Stuttgart 1981.

Holle Welt- und Kulturgeschichte. Hg. von Gérard Du Ry van Beest Holle, Bd. 1, Baden-Baden 1971.

König, Franz / Waldenfels, Hans: Lexikon der Religionen. Phänomene – Geschichten – Ideen. Freiburg/Br. 1987.

Küng, Hans: Spurensuche. Die Weltreligionen auf dem Weg, München 2001 (Kapitel »Stammesreligionen«).

Metz, Wulf (Hrsg.): Handbuch Weltreligionen, Wuppertal 1983 (Kapitel »Die Entwicklung der Religion«, S. 10–49).

Pischel, Gina: Große Kunstgeschichte der Welt, München 5. Aufl. 1980.
Rahner, Karl: Theologisches zum Monogenismus, in: Schriften zur Theologie Bd. 1, Einsiedeln, 3. Aufl. 1958, S. 253–322.
Reden, Sibylle von: Die Megalith-Kulturen. Zeugnisse einer verschollenen Urreligion, in: Christus und die Religionen der Erde, Hrsg, von Franz König, Bd. 1, Wien 1956.
Smart, Ninian: Die großen Religionen, München 1981.
Waldenfels, Hans: Christus und die Religionen, Regensburg 2002 (Topos plus-Taschenbuch Nr. 433)
Weidner, Gisela (Hrsg.): Geist, Kraft, Stoff – Medial empfangen durch Adelma Vay, Wien 1870 (Nachdruck Wien 1995).
Wendt, Victor K.: Das Geheimnis der Hyperboreer. Legende, Mythos oder Wirklichkeit? 1984.
Wells, H. G.: Die Geschichte unserer Welt, Berlin 1927.
Wölfel, D. J.: Die Religionen des vorindogermanischen Europa, in: Christus und die Religionen der Erde, Hrsg. von Franz König, Bd. 1, Wien 1956, S. 161–537.

Topos plus Grundwissen Religion
Informativ – kompetent – objektiv

Ferdinand Dexinger
Der Glaube der Juden
ISBN 3-7867-8474-4

Gottfried Hierzenberger
Der Glaube der Muslime
ISBN 3-7867-8468-X

Gottfried Hierzenberger
Der Glaube der Hindus
ISBN 3-7867-8469-8

Gottfried Hierzenberger
Der Glaube der Buddhisten
ISBN 3-7867-8470-1

Gottfried Hierzenberger
Der Glaube der Chinesen und Japaner
ISBN 3-7867-8471-X

Gottfried Hierzenberger
Der Glaube der alten Griechen und Römer
Topos plus ISBN 3-7867-8472-8

Gottfried Hierzenberger
Der Glaube in den alten Hochkulturen
Ägypter, Mesopotamier, Indoeuropäer, Altamerikaner
ISBN 3-7867-8473-6

Gerhard Hartmann
Daten der Kirchengeschichte
ISBN 3-7867-8476-0

Die Reihe wird fortgesetzt